Gian Domenico Borasio

selbst bestimmt sterben

Gian Domenico Borasio

selbst bestimmt sterben

Was es bedeutet
Was uns daran hindert
Wie wir es erreichen können

Verlag C.H.Beck

Mit 6 Abbildungen und 2 Tabellen

Satz: Fotosatz Amann, Memmingen
Druck und Bindung: GGP Media GmbH, Pößneck
Umschlaggestaltung: Konstanze Berner, München
Gedruckt auf säurefreiem, alterungsbeständigem Papier
(hergestellt aus chlorfrei gebleichtem Zellstoff)
Printed in Germany
ISBN 978 3 406 66862 3

www.beck.de

Inhalt

Vorwort

Warum ein neues Buch über das Sterben? Aus mehreren Gründen. Der wichtigste Auslöser war die sogenannte «Sterbehilfe-Debatte», die im letzten Jahr in Deutschland wieder entflammt ist. Die vielfach emotional geführten Diskussionen gleiten leider nicht selten ins Plakative, wenn nicht gar ins Ideologische ab. Dann geht es nur noch darum, ob man «dafür» oder «dagegen» ist. Was dabei aus dem Blickfeld gerät, ist der Gegenstand der Diskussion selbst. Zwar wird, insbesondere von den sogenannten «Sterbehilfe-Befürwortern», immer wieder betont, es gehe um das unveräußerliche Gut der Selbstbestimmung am Lebensende – Stichwort etwa: «Mein Sterben gehört mir.» Aber es wird erstaunlich wenig darüber nachgedacht, was Selbstbestimmung am Lebensende überhaupt bedeuten kann.

Die Hauptthese dieses Buches ist, dass es zu kurz gegriffen und zudem realitätsfremd ist, wenn man die Debatte über die Autonomie am Lebensende auf die Selbstbestimmung des Todeszeitpunktes reduziert. In der Praxis ist dies nur für eine sehr kleine Anzahl von Menschen das ausschlaggebende Kriterium. Ausgehend von der unumstößlichen Tatsache, dass jeder von uns *selbst bestimmt sterben* wird, stellt sich die Frage, was selbstbestimmtes Sterben in der heutigen multikulturellen und pluralistischen Gesellschaft bedeuten kann. Geht es wirklich vorwiegend um die Frage, ob es erlaubt sein soll, unter bestimmten Umständen mit fremder Hilfe aus dem Leben zu scheiden? Oder verdeckt vielleicht die medial aufgeheizte Diskussion über die sogenannte «Sterbehilfe» den Blick auf wichtigere Realitäten, die für die allermeisten Menschen am Lebensende von größerer Bedeutung sind?

Wenn man als Arzt das Privileg geschenkt bekommt, Menschen auf dem letzten Stück ihres Weges begleiten zu dürfen, dann erschließt sich eine weit komplexere Wirklichkeit, als es die Vereinfachungen und Verallgemeinerungen in den Sterbehilfe-Talkshows vermuten lassen. So banal es klingt: Jeder Mensch stirbt anders, und die meisten Menschen sterben in etwa so, wie sie gelebt haben. Das Spektrum der Wünsche, Ängste und Nöte am Lebensende ist so unterschiedlich wie das Leben selbst. Es gibt zum Beispiel nicht wenige Menschen, die der Meinung sind, die Autonomie-Debatte gehe an ihnen gänzlich vorbei, weil sie gar nicht selbstbestimmt sterben wollen, sondern sich voll und ganz anderen Menschen anvertrauen möchten – was natürlich wiederum ein Akt der Selbstbestimmung ist.

Dieses Buch ist ein Versuch, zunächst ein wenig Klarheit in die Diskussion zu bringen, indem die verschiedenen Begriffe, die in der Diskussion immer wieder auftauchen und gelegentlich für Verwirrung sorgen (aktive, passive und indirekte Sterbehilfe, assistierter Suizid, Euthanasie usw.), anhand von Fallbeispielen aus der klinischen Praxis und der aktuellen Rechtslage in Deutschland erläutert werden. Dabei wird auch ein Gesetzesvorschlag vorgestellt, der dazu beitragen soll, die leidige Diskussion um eine gesetzliche Regelung der «Sterbehilfe» zu einer vernünftigen Lösung zu führen, damit wir uns anschließend den wirklich wichtigen Problemen in der letzten Lebensphase widmen können.

Im zweiten Teil des Buches geht es genau um diejenigen

Facetten der Autonomie am Lebensende, die für die meisten Menschen weit wichtiger sind als die Selbstbestimmung der Todesstunde, aber von der Debatte bislang weitgehend ausgeklammert werden. Dazu gehören unter anderem die Frage nach der tieferen Bedeutung von «Selbstbestimmung», die Vorsorgeplanung, die Rolle der Familie und weiterer psychosozialer, kultureller und spiritueller Faktoren sowie der weithin unterschätzte Einfluss der Gesundheitsindustrie auf unsere Optionen und auf unsere Entscheidungen für und in der letzten Lebensphase.

Das Buch ist (hoffentlich) so geschrieben, dass es auch aus sich selbst heraus verständlich ist. Allerdings basiert es weitgehend auf den Ausführungen zum Thema Lebensende, die ich in meinem ersten Buch *Über das Sterben* erläutert habe. Hierauf wird mehrfach Rekurs genommen, um Wiederholungen so weit möglich zu vermeiden. Dem Gegenstand geschuldet, geht der Text bei den einzelnen Punkten deutlich mehr ins Detail und ist sicher auch komplexer, wofür ich bei den Lesern sehr um Nachsicht bitten möchte. Wenn der geneigte Leser nun vermutet, das erste Buch sei so etwas wie «Sterben für Anfänger» und das vorliegende Buch, darauf aufbauend und vertiefend, eher «Sterben für Fortgeschrittene», so liegt er vielleicht nicht ganz falsch …

Möge dieses kleine Buch dazu beitragen, eine sachliche Diskussion über das Lebensende jenseits eines zu eng gefassten Autonomiebegriffes anzustoßen. Möge es aber vor allem den Menschen helfen, ihre eigene Endlichkeit bewusster anzuschauen, und damit die Angst vor dem Sterben ein klein wenig verringern.

München/Lausanne, im August 2014

Gian Domenico Borasio

Teil 1

Was heißt hier «Sterbehilfe»?

1
Was heißt hier «Sterbehilfe»? Eine merkwürdige Debatte

Es ist erstaunlich: Über kaum ein Thema wird in Deutschland emotionaler, kontroverser und bisweilen ideologischer diskutiert als über die sogenannte «Sterbehilfe» – und dabei stellt sich immer wieder heraus, dass die Diskutanten sehr unterschiedliche Vorstellungen davon haben, um was es bei der Debatte überhaupt geht. Begriffe wie «aktive», «passive», «indirekte» Sterbehilfe, Euthanasie, assistierter Suizid und viele andere mehr werden munter durcheinandergewürfelt. Man redet häufig aneinander vorbei, weil man nicht über dieselben Sachverhalte spricht. In diesem einleitenden Kapitel möchte ich versuchen, die Gründe für diese Verwirrung zu beschreiben und die Voraussetzungen für eine vernünftige Diskussion zu skizzieren. In den nachfolgenden Kapiteln wird es darum gehen, was «selbstbestimmtes Sterben» eigentlich bedeutet, was uns daran hindert, es zu erreichen, und warum die sogenannte «Sterbehilfe-Debatte» viel zu kurz greift.

Irrationalität am Lebensende: Die Missachtung der demographischen Entwicklung

Eine im Laufe der Jahre immer wiederkehrende Beobachtung ist die, dass viele der Diskussionen, die etwas mit dem Lebensende zu tun haben, auf seltsame Weise ins Irrationale abgleiten. Da werden Fakten missachtet oder verdreht, wissenschaftliche Erkenntnisse ignoriert, selbst der gesunde Menschenverstand wird teilweise außer Kraft gesetzt. Auch hochintelligente Menschen sind davon betroffen. Der Grund für dieses Verhalten ist einfach zu beschreiben: es ist die Angst. Die Angst vor dem eigenen Tod ist – aus biologischer Sicht verständlich – eine der stärksten Ängste, die ein Mensch erfahren kann. Hinzu kommt, in den letzten Jahrzehnten zunehmend, die Angst vor dem *Sterben.* Damit ist die Angst vor einem qualvollen Verlauf der letzten Lebensphase gemeint. Für viele Menschen ist es auch die Angst davor, einer Apparatemedizin ausgeliefert zu sein, die der Lebenserhaltung um jeden Preis verpflichtet ist.

Diese Ängste sind in der Bevölkerung weit verbreitet. Wenn man die Menschen fragt, wie sie sterben möchten, antwortet eine große Mehrheit: «Schnell und schmerzlos.» Dieser Wunsch wird sich aber nur bei einer kleinen Minderheit (ca. 5 Prozent) realisieren lassen. Etwa ein Drittel der Menschen würde einen mittelschnellen Tod über 2–3 Jahre (zum Beispiel durch Krebs) vorziehen, eine optimale pflegerische und palliativmedizinische Versorgung vorausgesetzt. In der Tat wird der Anteil dieser Todesfälle sich mittelfristig bei ca. 40 Prozent einpendeln, wobei es natürlich nicht garantiert ist, dass dieses Schicksal genau diejenigen trifft, die es sich gewünscht haben. Dagegen ist das von fast niemandem erwünschte Sterben im Rahmen einer Demenzerkrankung eindeutig auf dem Vormarsch: Es wird in Zukunft für 40–50 Prozent der Todesfälle verantwortlich sein, Tendenz steigend.

Grund dafür ist die – hinlänglich bekannte, aber immer wieder erfolgreich verdrängte – demographische Entwick-

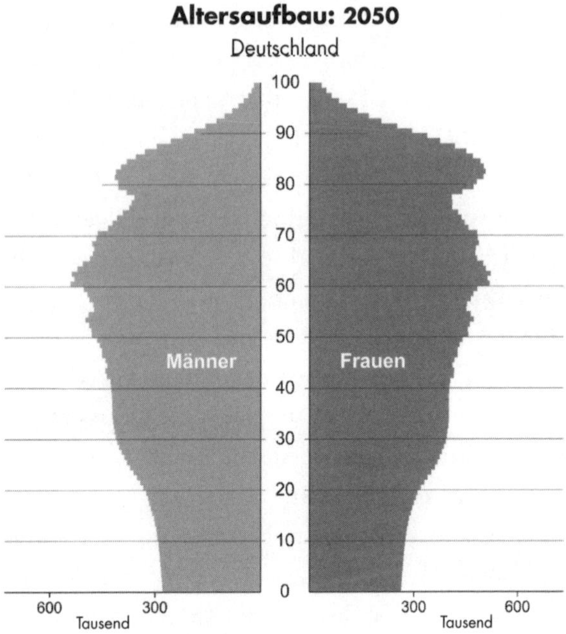

Abbildung 1.1: Voraussichtliche Altersverteilung in Deutschland im Jahr 2050.

lung. Schauen wir zur Erinnerung auf die Vorhersage für die Altersverteilung in Deutschland im Jahr 2050 (Abb. 1.1).

Bis zum Jahr 2050 wird sich die Zahl der Menschen über 80 in Deutschland auf über 10 Millionen erhöht haben, der Anteil der Hundertjährigen wird sich verzehnfachen. Die mittlere Lebenserwartung wird auf über 85 Jahre steigen, so dass die meisten Sterbenden 85 Jahre und älter sein werden.[1] Bis zu drei Viertel davon werden – wenn bis dahin kein Wundermittel entdeckt wird – an einer mehr oder weniger schweren Form der Demenz leiden und auf umfassende pflegerische Hilfe angewiesen sein. Die Anforderungen an die Pflege erhalten damit eine ganz neue Dimension. Die Herausforderung für die Gesellschaft wird noch größer dadurch, dass schon ab 2030 die ersten geburtenstarken Jahrgänge aus der Nachkriegszeit (die Babyboomer-Generation) das Lebensende erreichen, was die Zahl der Todesfälle in Deutschland von heute etwas mehr als 800 000 auf *eine Million pro Jahr* erhöhen wird (Abb. 1.2).

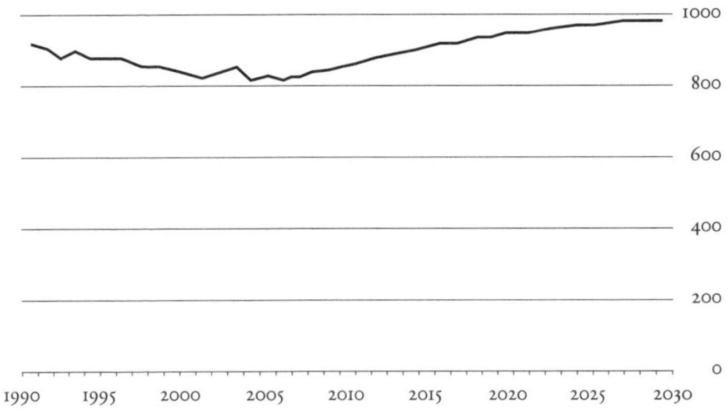

Abbildung 1.2: Sterbezahlen in Deutschland bis 2030, in Tausend.

Es gibt einen entscheidenden Unterschied zwischen den Diskussionen zum Beispiel um die Folgen des Klimawandels und den Prognosen zur demographischen Entwicklung: Letztere sind unumstößlich, da die Menschen, um die es geht, schon alle da sind und täglich älter werden. Nur globale Katastrophen wie ein Nuklearkrieg könnten diese Vorhersagen wesentlich verändern. Ansonsten handelt es sich um die sicherste und wichtigste Aussage über die Zukunft unserer Gesellschaft, die wir heute treffen können – und um die am meisten unterschätzte.

Politik: Fehlanzeige

Angesichts der Unausweichlichkeit der beschriebenen Entwicklung müsste man eigentlich davon ausgehen, dass die Politik sie zu einem zentralen Thema macht und dass rechtzeitig Maßnahmen ergriffen werden, um den unaufhaltsam auf uns zurollenden demographischen Tsunami aufzufangen oder wenigstens abzumildern. Wenn man nach diesen Maßnahmen sucht, reibt man sich verwundert die Augen, denn man sieht sehr wenig.

Sicher, es gibt viele Foren, Talkshows, Kongresse und Symposien, die sich der alternden Bevölkerung widmen. Das ist inzwischen ein beliebtes Thema geworden. Auch auf den Internetseiten der Bundesregierung entdeckt man interessante Dokumente, zum Beispiel zur deutschen «Demografiestrategie». Unter anderem findet man eine Langfassung dieser Strategie auf 77 eng bedruckten Seiten, die eine bemerkenswerte Eigenschaft aufweisen: Die Worte «palliativ», «Hospiz», «Sterben», «Tod» oder «Lebensende» kommen darin nicht vor.[2]

Das ist ein gutes Beispiel für die Irrationalität in der Diskussion über das Lebensende: Hier wird praktischerweise die Diskussion über das Sterben gleich ganz ausgeklammert. Als ob die hochbetagten und pflegebedürftigen Menschen, um die es in der Regierungsstrategie geht, nicht auch alle – und zwar innerhalb relativ kurzer Zeit – sterben würden. Die durchschnittliche Überlebenszeit in einem deutschen Pflegeheim beträgt nur etwas mehr als ein Jahr. Schätzungen zufolge sind die Alters- und Pflegeheime dabei, in Kürze Sterbeort Nr. 1 in Deutschland zu werden, noch vor den Krankenhäusern und weit vor dem eigenen Zuhause. Wie kann in einer solchen Situation selbstbestimmtes Sterben aussehen? Darüber wird noch zu sprechen sein.

Historischer Rückblick

In den letzten Jahren wurde von den Medien zunehmend der Eindruck vermittelt, Selbstbestimmung sei das Wichtigste, was es am Lebensende überhaupt zu erreichen gibt. Das ist allerdings eine kulturhistorisch sehr junge Entwicklung. Von Anbeginn der Menschheit bis vor ganz kurzer Zeit war es selbstverständlich, sich in vorgegebene Schicksalsmuster zu fügen und anderen Menschen – in der Regel Vertreter bestimmter Berufe – die Deutungshoheit über das eigene Sterben zu überlassen. Im Mittelalter war es die *ars moriendi* (Kunst des Sterbens), deren Hüter die Vertreter der Geistlichkeit, also Priester und Mönche, waren. In neuerer Zeit waren es die Ärzte, welche diese Deutungshoheit übernahmen und vornehmlich deswegen als «Halbgötter in Weiß» tituliert wurden. Beiden Berufen gemeinsam ist die gegenüber dem Sterbenden ausgeübte Fürsorge – für sein ewiges Heil bei den Priestern, für seine Gesundheit bei den Ärzten. Und in beiden Fällen droht die Fürsorge ständig in wohlgemeinte Bevormundung (Paternalismus) umzuschlagen.

Bei den Priestern gehört es gewissermaßen zur Berufsbeschreibung, dass sie besser wissen als der Sterbende, was seinem ewigen Heil dient und was nicht. Daher erstaunt auch die Tatsache nicht, dass über Jahrhunderte der Prozess des Sterbens in genau festgelegten Bahnen und Ritualen abzulaufen hatte, wenn es denn ein «gutes Sterben» sein sollte. Die letzte Handlung am Sterbenden war eine sakramentale, nämlich die sogenannte «Letzte Ölung». Diese konnte nur einmal, und zwar kurz vor dem Tod (*in articulo mortis*), empfangen werden – womit dem spendenden Geistlichen auch die Fähigkeit zum Erkennen des nahenden Todes zuerkannt wurde. Heute redet man in der katholischen wie in der evangelischen Kirche übrigens nicht mehr von «Letzter Ölung», sondern von Krankensalbung. Diese darf auch mehrfach durchgeführt werden, was sicher ein Fortschritt und eine Erleichterung für die Seelsorger ist.

Bei den Ärzten leuchtet es ebenfalls ein, dass ihnen die Fachkenntnis im medizinischen Bereich zugesprochen wird. Weniger einleuchtend erscheint es allerdings aus heutiger Sicht, dass ihnen damit unausgesprochen auch die Definitionshoheit über den Begriff «Gesundheit» übertragen wurde. Bis vor ganz kurzer Zeit, und teilweise bis heute, konnte der Arzt gegenüber seinen Patienten unwidersprochen eine paternalistisch-fürsorgliche Haltung einnehmen: «Ich weiß genau – und viel besser als du –, was für dich Gesundheit zu bedeuten hat und welche Mittel nötig sind, um dich wieder in diesen Zustand zu versetzen.» Der Patient war damit (und ist es teilweise bis heute) passives Objekt der wohlgemeinten Fürsorgeabsicht der Ärzte. Das hat übrigens nicht nur Nachteile, wie wir sehen werden.

Es gibt allerdings ein grundsätzliches Problem mit dieser Haltung in Bezug auf das Lebensende: Wenn man den Tod als die ultimative Abwesenheit von Gesundheit definiert, wie es die Medizin im Grunde bis heute tut, dann ist die ärztliche Kunst letztlich immer zum Scheitern verurteilt, weil jeder Patient irgendwann sterben wird. Damit gibt es nur die Wahl zwischen einer Anpassung des Gesundheitsbegriffs, die womöglich (oh Schreck) auch nichtmedizinische Elemente integrieren müsste, oder einer massiven, kollektiven Verdrängung von Tod und Sterben im Medizinbetrieb. Wie wir alle wissen, ist das Gesundheitssystem im letzten Jahrhundert konsequent den zweiten Weg gegangen. Leider zum großen Nachteil der Patienten und ihrer Familien, also von uns allen, wie das folgende Fallbeispiel zeigt:

Frau W. war eine rüstige alte Dame, die seit dem Tod ihres Mannes vor 20 Jahren alleine zuhause lebte, leidenschaftlich gern malte und Gedichte schrieb. Ihr Freundeskreis wurde mit der Zeit aus biologischen Gründen immer kleiner, aber ansonsten ging es ihr so weit gut. Sie hatte auch eine Patientenverfügung verfasst, in der sie ihren Wunsch nach einem friedlichen Sterben ausdrückte und angesichts ihres Alters jede Krankenhauseinweisung strikt ablehnte. Die Patientenverfügung hatte sie ihrem Sohn übergeben, für den sie auch eine Vorsorgevollmacht erstellt hatte. Der Sohn wohnte allerdings in einer anderen Stadt, was sich als problematisch herausstellen sollte. Nachdem Frau W. einen leichten Schlaganfall erlitten hatte, wurde sie von ihrem Hausarzt dazu überredet, doch einen Notrufsender zu tragen, falls ihr in der Wohnung etwas zustoßen sollte. Der Sender tat auch brav seinen Dienst, als Frau W. einige Monate später einen deutlich schwereren Schlaganfall erlitt und bewusstlos in ihrer Wohnung zusammenbrach.

Die alarmierten Rettungssanitäter und der Notarzt setzten alle notwendigen Maßnahmen in Gang, um ihren Zustand zu stabilisieren, und brachten sie ins Krankenhaus. Dort wurde sie wegen einer beginnenden Lungenentzündung mit Antibiotika behandelt und zwei Wochen lang über eine Nasensonde künstlich ernährt. Ihr Zustand besserte sich so weit, dass sie wieder essen und trinken konnte. Inzwischen war auch ihr Sohn mit der Patientenverfügung angereist, aber die schien nicht mehr auf die aktuelle Situation zuzutreffen, denn der alten Dame ging es ja etwas besser. Sie konnte schließlich sogar nach Hause verlegt werden.

Einmal zuhause angekommen, kam sie in die Obhut ihres jungen und sehr engagierten Hausarztes. Dieser wies den Pflegedienst an, ja auf eine ausreichende Ernährung und Flüssigkeitszufuhr bei Frau W. zu achten. Er organisierte auch eine Krankengymnastin, die täglich eine Stunde kommen sollte, um Frau W. wieder «auf die Beine zu helfen». Aber Frau W. war für diese gut gemeinten Unterstützungsversuche nicht mehr richtig empfänglich. Sie redete kaum noch, verließ freiwillig nicht mehr ihr Bett, schlief fast die ganze Zeit, aß und trank fast nichts mehr und war offensichtlich dabei, wie eine verlöschende Kerze ihr Leben langsam auszuhauchen. Die Fütterungsversuche seitens der Pflegenden wie auch die Mobilisierungsversuche der Physiotherapeutin gereichten ihr zunehmend zur Qual, bis schließlich der Sohn – nach mehreren, zum Schluss heftigen Diskussionen mit dem Hausarzt – einen Rechtsanwalt einschalten musste, um zu erreichen, dass seine Mutter in Ruhe gelassen wurde und in Frieden sterben durfte. Der Hausarzt war fassungslos. Er konnte nicht verstehen, dass sein in der Tat weit überdurchschnittliches Engagement bei der Behandlung von Frau W. so wenig Wertschätzung fand. Aber er brachte es nicht übers Herz, den Sohn von Frau W. anzuzeigen, so dass dieser seine Mutter schließlich in Frieden zum Grab begleiten konnte. Frau W. war bei ihrem Tod 103 Jahre alt.[3]

Die Palliativmedizin als Gegenbewegung

Ende der Sechzigerjahre des letzten Jahrhunderts begann, zaghaft, eine kleine Gegenbewegung im Medizinsystem. Sie

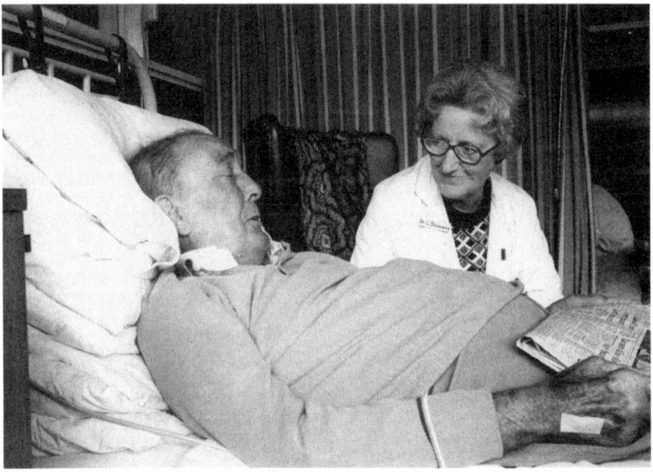

Abbildung 1.3: Cicely Saunders am Bett eines Patienten.

wurde – gewiss kein Zufall – von einer Frau angestoßen. Eine Frau, die den Mut gehabt hatte, ihren beruflichen Horizont weit jenseits des seinerzeit Üblichen zu erweitern. Sie war ausgebildete Krankenschwester, Sozialarbeiterin und Ärztin (zu einer Zeit, in der es in Großbritannien noch sehr wenige Ärztinnen gab). Sie bezeichnete sich deswegen selbst, mit typisch britischem Humor, als «one-woman multiprofessional team». Und sie hätte den Medizin-Nobelpreis, den sie nie bekam, so viel mehr verdient als etliche Molekularbiologen, die nie einen Patienten gesehen haben.

Die Rede ist von Dame Cicely Saunders (1918–2005; Abb. 1.3), der Begründerin der modernen Palliativmedizin und Hospizarbeit. Sie gründete 1967 mit dem St. Christopher's Hospice in London die erste moderne Einrichtung zur Pflege und Begleitung Sterbender und markierte damit den Anfang für eine stille Revolution in der Medizin. Die verschiedenen

Angebote der Palliativ- und Hospizbetreuung und deren Entwicklung in Deutschland sind ausführlich in meinem Buch *Über das Sterben* beschrieben. Im vorliegenden Buch werde ich nur diejenigen Elemente wieder aufgreifen, die im Zusammenhang mit der Frage nach dem selbstbestimmten Tod stehen. Das sind allerdings, wie wir sehen werden, nicht ganz wenige.

Lagerdenken und reflexhafte Reaktionen

Wenn man die sogenannte «Sterbehilfe-Debatte» in den Medien verfolgt, stellt man schnell fest, dass das Land in zwei Lager gespalten zu sein scheint. Das eine Lager fordert vehement die «Legalisierung der Sterbehilfe», also die gesetzliche Erlaubnis zur Durchführung von Maßnahmen, welche das Leben eines Menschen auf seinen Wunsch hin beenden (Tötung auf Verlangen) oder ihm ermöglichen, dies selbst zu tun (Suizidhilfe). Begründet wird diese Position durch die Freiheit des Einzelnen, das Recht auf ein Sterben in Würde und das Gebot der Neutralität des Staates gegenüber der Weltanschauung seiner Bürger. Jeder Versuch der Gegenargumentation wird reflexhaft als reaktionär und freiheitsfeindlich bezeichnet.

Das zweite Lager, unterstützt von den großen christlichen Kirchen, sieht – zugespitzt formuliert – jede Form von Tötung auf Verlangen und Beihilfe zur Selbsttötung als ein unter Strafe zu stellendes Vergehen an. Grundlage dieser Haltung ist die Vorstellung der Heiligkeit und Unverfügbarkeit des Lebens. Daraus wird abgeleitet, dass es zwar ein Recht auf Leben, aber kein Recht auf Sterben gibt. Untermauert wird dies durch die Befürchtung, jeder Zweifel daran leiste der

Entwicklung eines unerträglichen Drucks auf ältere Menschen Vorschub, zugunsten der jüngeren Generationen doch bitte für ein «sozialverträgliches Frühableben» zu sorgen. Auch hier wird jeder Versuch der Gegenargumentation reflexhaft als unethisch und menschenverachtend tituliert.

Es ist hinlänglich bekannt, dass Angst ein schlechter Ratgeber ist. Angst ist aber auch eine schlechte Grundlage für vernünftige Diskussionen. Wenn sich zu der Angst vor dem (eigenen) Sterben auch noch die Angst vor der Preisgabe liebgewordener ethischer Positionen gesellt, wird ein Dialog mit dem Ziel einer echten Verbesserung der Situation praktisch unmöglich.

Voraussetzungen für eine vernünftige Diskussion

Aus dem Gesagten wird deutlich, dass es derzeit an einigen wesentlichen Voraussetzungen für eine vernünftige Diskussion über die Selbstbestimmung am Lebensende mangelt. Selbstbestimmung geschieht nicht im luftleeren Raum, sondern wird von einer Vielzahl von Faktoren beeinflusst, die wir uns erst einmal in ihrer Bedeutung bewusst machen sollten. Wünschenswert erscheinen insbesondere:

- eine Klarstellung der Bedeutung der in der Diskussion verwendeten Fachbegriffe (Sterbehilfe, Behandlungsabbruch, Suizidhilfe usw.),
- eine Trennung zwischen emotionalen bzw. ideologiebehafteten und sachlichen Argumenten,
- eine Erweiterung des Begriffs der Selbstbestimmung über die bisherigen Grenzen der «Sterbehilfe-Debatte» hinaus und hin zu den Wünschen und Prioritäten der betroffenen Menschen,

- eine Einbeziehung der psychosozialen, kulturellen und spirituellen Aspekte der Selbstbestimmung in die Diskussion,
- eine nüchterne Betrachtung der Rolle der ökonomischen Kräfte, die das Gesundheitswesen maßgeblich beeinflussen,
- und schließlich die Bereitschaft, die unglaubliche Breite an Einstellungen, Ansichten, Wünschen und Wertvorstellungen der Menschen zu akzeptieren und zur Grundlage für eine vernünftige Regelung zu machen.

Die folgenden Kapitel stellen den Versuch dar, einen kleinen Beitrag zur Schaffung der genannten Voraussetzungen zu leisten.

2
«Passive Sterbehilfe» und medizinische Indikation

Fallbeispiel

Der noch junge Mann, erst 44 Jahre alt, litt an einem unheilbaren, weit fortgeschrittenen Nierenkrebs. Er hatte eine sehr liebevolle Beziehung zu seiner Frau und zu seinen zwei kleinen Kindern. Für sie nahm er belastende Chemotherapien in Kauf, um eine Chance auf eine Lebensverlängerung zu bekommen. Leider wirkten irgendwann alle Therapien nicht mehr, er litt unter Schmerzen und starker Müdigkeit und kam auf unsere Palliativstation. Dort konnten wir die Schmerzen rasch lindern, die Müdigkeit nahm aber zu, und es war bald klar, dass der Patient die Station nicht mehr lebend verlassen würde. Das war ihm selbst auch bewusst, und sogar ganz recht, aber er verlor dabei seinen Humor nicht. Es war kurz vor Weihnachten, und er fragte mich bei der letzten Visite vor den Feiertagen: «Herr Doktor, hoffentlich sehen wir uns nach Weihnachten nicht mehr?» – «Doch, das glaube ich schon», erwiderte ich, da sich sein Zustand nur langsam verschlechterte. «Würden Sie drauf wetten?», fragte er mich verschmitzt. «Wenn es nicht unmoralisch wäre, ja», antwortete ich, und er lächelte: «Dann schau'n mer mal.» Nach den Feiertagen kam ich wieder zur Visite, und der Patient empfing mich sofort mit einem «Da ham's mal wieder recht g'habt» und fügte gleich hinzu: «Und wie lange habe ich jetzt noch?» – «Das kann ich Ihnen beim besten Willen nicht sagen», antwortete ich wahrheitsgemäß. Daraufhin fragte mich der Patient, ob es nicht etwas gebe, um seinen Weg abzukürzen, er sei so unendlich müde und hätte sich doch schon von allen verabschiedet. Darauf erwiderte ich, dass es sehr wohl etwas gebe: Er bekam nämlich noch eine Infusion, um seine schwache Nierentätigkeit zu unterstützen. Beim Abstellen der Infusion war davon auszugehen, dass es zum Nierenversagen und zum baldigen Tod kommen würde. Als ich ihm das erklärte, wurde er sehr wach und hörte aufmerksam zu. Dann sagte er: «Das muss ich mit meiner Frau besprechen.» Am Nachmittag teilte er uns seine Entscheidung mit. Die Infusion wurde abgestellt, und er starb friedlich im Kreise seiner Familie wenige Tage später.

Definition und Rechtslage

Die Rechtslage zur sogenannten «passiven Sterbehilfe» (auch als «Sterbenlassen» bezeichnet) ist in Deutschland schon seit den Achtzigerjahren eindeutig. Sie basiert auf dem allgemein anerkannten Rechtsprinzip, dass jeder ärztliche Eingriff in die körperliche Unversehrtheit eines Menschen unzulässig ist, wenn der Betroffene damit nicht einverstanden ist. Das heißt zu Deutsch: Ärztliche Zwangsbehandlung ist verboten.

Es gibt von diesem Grundsatz einige wenige Ausnahmen. Sie betreffen im Wesentlichen Menschen mit psychischen Erkrankungen, die eine Gefahr für sich selbst oder andere darstellen können. Hier ist eine Behandlung auch gegen den Patientenwillen erlaubt, weil man davon ausgeht, dass die psychische Krankheit es dem Patienten unmöglich macht, einen freien Willen zu bilden. Ansonsten ist aber klar: Jede Behandlung gegen den Willen des Patienten ist eine strafbare Körperverletzung.

Das bedeutet, dass jeder ärztliche Eingriff, sei es diagnostischer oder therapeutischer Art, von der einfachsten Blutabnahme bis zur Herz-Lungen-Transplantation, nur dann zulässig ist, wenn der Patient nach vorheriger Aufklärung in dessen Durchführung einwilligt. Das hat sich inzwischen in der Medizin herumgesprochen. Die verbreitete Tendenz der Ärzte nach maximaler rechtlicher Absicherung führt zwar mitunter zu seitenlangen schriftlichen Aufklärungsbögen, die kaum ein Patient wirklich liest, aber sei's drum. Schwerer wiegt, dass den meisten Ärzten nicht wirklich bewusst ist, dass die Einwilligung des Patienten erst die zweite Voraussetzung darstellt, die für die Durchführung eines ärztlichen Eingriffs notwendig ist. Die erste, leider oft nicht explizit thematisierte Voraussetzung ist die medizinische Indikation.

Medizinische Indikation

Wenn ich bei Vorträgen gestandene ärztliche Kollegen frage, ob sie jemals in ihrer Ausbildung eine Vorlesung über die medizinische Indikation gehört haben, ist die Antwort ausnahmslos: nein. Das ist bedenklich, denn die medizinische Indikation ist die unabdingbare Voraussetzung für jeden ärztlichen Eingriff. Wie wir sehen werden, ist ihre Bedeutung sogar noch größer als die des Patientenwillens.

Was bedeutet nun genau der Begriff «medizinische Indikation»? Damit ist die *ärztliche Entscheidung über die Sinnhaftigkeit einer medizinischen Maßnahme* gemeint. Maßnahmen, die nach dem Stand der Wissenschaft für den Patienten in seiner aktuellen klinischen Situation wirkungslos oder gar schädlich wären (z. B. die Gabe eines Antibiotikums, auf das der gefundene Keim resistent ist, oder die Gabe von Flüssigkeit und Sauerstoff in der Sterbephase[1]), sind medizinisch nicht indiziert und dürfen vom Arzt nicht angeordnet werden – auch dann nicht, wenn Patienten oder Angehörige sie vehement verlangen.

Wie stellt man fest, ob eine Indikation vorhanden ist oder nicht? Das ist im Prinzip relativ einfach. Der Arzt muss sich zwei Fragen stellen:

1. *Was ist das Therapieziel, das ich mit dieser Maßnahme erreichen möchte?*
2. *Ist das angestrebte Therapieziel mit der geplanten Maßnahme realistisch zu erreichen?*

Die erste Frage erscheint fast trivial, denn mit einer Therapie will man doch immer irgendein vernünftiges Ziel erreichen. Und doch konnte genau diese Frage über die Hälfte der Fälle lösen, in denen das Palliativteam des Klinikums der Universität München zur Beratung bei kritischen Situationen auf Intensivstationen gerufen wurde.[2] Wie war das möglich? Die Standardantwort der Kollegen auf die Frage nach dem Therapieziel lautete überspitzt formuliert in etwa: «Na ja, vor sechs Wochen, als er zu uns kam, dachten wir, er hätte noch eine kleine Chance, seit drei Wochen wissen wir aber, dass er keine mehr hat, seit drei Tagen ist er im Multiorganversagen, und wenn wir alle Register ziehen, dann hält er vielleicht noch weitere drei Tage durch, aber wir brauchen dringend das Bett, und deswegen haben wir euch geholt.»

Einmal abgesehen davon, dass es bei einem schwerstkranken Menschen auf der Intensivstation so gut wie immer auch schwer belastete Angehörige gibt, derentwegen es vielleicht sinnvoller gewesen wäre, den Palliativdienst schon etwas früher einzuschalten, stellt sich die Situation nach dieser Aussage der Kollegen ausreichend klar dar: Was mit diesem Patienten betrieben wird – und zwar seit drei Wochen, nicht erst seit drei Tagen –, ist keine Lebensverlängerung, sondern eine Sterbeverlängerung. Diese stellt offenkundig kein vernünftiges medizinisches Therapieziel dar. Von dem Zeitpunkt an, ab welchem den Ärzten klar ist, dass der Patient nicht mehr erwachen und die Intensivstation nicht mehr lebend verlassen wird, ist eine medizinische Indikation zur weiteren Intensivtherapie nicht mehr gegeben – also ist sie zu beenden. Dass dies erst nach einfühlsamer Erläuterung der Situation und der Gründe für die Beendigung gegenüber den Angehörigen zu geschehen hat, versteht sich von selbst.

Gibt es hingegen ein sinnvolles Therapieziel für eine bestimmte Maßnahme, so steht die medizinische Indikation dafür immer noch nicht fest – zuerst muss die zweite Frage beantwortet werden, ob denn das Therapieziel mit der geplanten Maßnahme auch realistisch erreichbar ist. Ein gutes Beispiel für die Wichtigkeit der zweiten Frage ist die künstliche Ernährung über eine Magensonde (die sogenannte «perkutane endoskopische Gastrostomie», PEG) bei Patienten mit weit fortgeschrittener Demenz. Damit könnten eine Reihe sinnvoller Therapieziele angestrebt werden, unter anderem:

- Lebensverlängerung,
- Verbesserung des Ernährungsstatus,
- Verbesserung der Lebensqualität,
- verbesserte Wundheilung beim Wundliegen,
- Verringerung des Verschluckens.

Diese Ziele wären, jedes für sich, grundsätzlich durchaus erstrebenswert. Leider sagen aber die gesamten wissenschaftlichen Studien, die es zu diesem Thema gibt, dass kein einziges dieser Therapieziele mit der Anlage einer PEG-Sonde bei Patienten mit fortgeschrittener Demenz zu erreichen ist.[3] Stattdessen sind unter anderem das Infektionsrisiko und die Sterbehäufigkeit bei Demenzpatienten mit PEG deutlich erhöht. Das Legen einer PEG-Sonde ist folglich bei Patienten mit fortgeschrittener Demenz nicht nur unwirksam, sondern schädlich.[4] Es ist somit nicht nur *medizinisch nicht indiziert*, sondern sogar, wie es in der Fachsprache heißt, *kontraindiziert*. Das bedeutet im Klartext, dass das Legen einer Ernährungssonde bei Patienten mit weit fortgeschrittener Demenz nach dem heutigen Stand der Wissenschaft in der Regel einen ärztlichen Kunstfehler darstellt.

Ist also entweder gar kein vernünftiges Therapieziel vorhanden (Frage 1) oder ist die geplante Maßnahme im Hinblick auf das erwünschte Therapieziel unwirksam oder gar schädlich (Frage 2), dann ist die Situation klar: Die Maßnahme darf nicht durchgeführt werden, selbst wenn der Patient sie wünscht. Und das kann gelegentlich schwierig sein, wie im folgenden Fall:

Der 75-jährige Patient gehörte zu den reichsten Bürgern seines Landes. Er hatte im Laufe seines Arbeitslebens ein großes Vermögen angehäuft, aber jetzt lag er im Krankenhaus mit einem weit fortgeschrittenen Lungenkrebs (das Rauchen). Die Krankheit hatte Tochtergeschwülste (Metastasen) in Leber, Knochen und Gehirn gesetzt, die Lebenserwartung betrug nur noch wenige Wochen. Der Patient glaubte aber immer noch an ein Wunder und konnte es nicht verstehen, dass ihm die Ärzte trotz seines ganzen Reichtums keine Heilungsmöglichkeit anbieten konnten.

Als ob der Krebs nicht reichen würde, erkrankte der bedauernswerte Patient auch noch akut an einer Herzmuskelentzündung (Myokarditis). Diese schwächte sein Herz so stark, dass der Tod unmittelbar bevorstand. Unvorsichtigerweise erwähnte einer der Ärzte im Gespräch, dass man diese Erkrankung mit einer Herztransplantation behandeln könne. Daraufhin sprang der Patient ihn förmlich an mit der Bitte, unverzüglich eine Herztransplantation einzuleiten, er würde auch alle Kosten selbst übernehmen, wenn er nur ein wenig länger leben könne. Als der Arzt erklärte, dass dies in seinem Fall keine Option sei, weil er schon die Operation höchstwahrscheinlich nicht überleben würde, brüllte ihn der Patient an, das sei schließlich seine Entscheidung, welche Risiken er eingehe, und der Arzt habe sich seinem Wunsch schleunigst zu fügen, ansonsten würde er mit seinen Beziehungen dafür sorgen, dass seine Arztkarriere einen gewaltigen Knick bekäme. Daraufhin erläuterte ihm der – inzwischen etwas gestresste – Arzt, dass er aufgrund seines Krebsleidens gar nicht auf die Warteliste für eine Transplantation kommen würde, worauf der Patient ungerührt erwiderte, so etwas ließe sich doch bestimmt durch gezielten Einsatz finanzieller Mittel regeln. Jetzt wurde es dem Arzt endgültig zu bunt und er erklärte dem Patienten, dass er eine solche nicht indizierte Maßnahme nie und nimmer einleiten würde. Der Patient starb wenige Tage später, und der Arzt konnte seine Laufbahn glücklicherweise ungehindert fortsetzen.

Leider ist es vielen Ärzten oft zu aufwendig, Patienten und Familien behutsam darüber aufzuklären, dass eine bestimmte Maßnahme medizinisch keinen Sinn macht – und spätestens dann, wenn die Familie mit dem Rechtsanwalt droht, knicken sie ein und führen die Behandlung durch. Das ist schade, denn eine der wichtigsten Aufgaben des Arztes besteht darin, den Patienten vor Schaden zu schützen – auch vor selbst zugefügtem Schaden.

Anders stellt sich die Situation dar für all die Maßnahmen, bei denen es zumindest eine kleine Chance gibt, dass sie dem Patienten helfen könnten. Hier spricht man dann von *fraglicher Indikation*. Diese Grauzone kommt in der Medizin oft vor, und hier hilft nur eins: offene Kommunikation. Der Arzt hat die Aufgabe, Patient und Familie ehrlich darüber aufzuklären, dass die Maßnahme nur eine geringe Wirksamkeitschance besitzt, aber möglicherweise schwere Nebenwirkungen mit sich bringt, wie dies z. B. bei Dritt- oder Viertlinien-Chemotherapien oft der Fall ist.

Dabei muss sich der Arzt der Asymmetrie des Arzt-Patienten-Verhältnisses bewusst sein. Der schwerkranke Patient wird immer die positiven Aspekte heraushören, denn er geht davon aus, dass der Arzt ihm keine Therapie vorschlagen würde, die für ihn nicht gut wäre. Leider zeigt die Erfahrung, dass Ärzte, insbesondere in der Krebsmedizin, Patienten häufig Therapien vorschlagen, von denen sie hinter vorgehaltener Hand sagen, dass sie diese nie und nimmer für sich selbst oder für die eigenen Angehörigen in einer vergleichbaren Situation in Betracht ziehen würden. Aber man müsse dem Patienten ja doch «noch etwas anbieten». Dieses weit verbreitete ärztliche Verhalten ist menschlich verständlich, aber ethisch fragwürdig. Wir werden in Kapitel 11 darauf zurückkommen.

Patientenwille

Erst dann, wenn die medizinische Indikation feststeht (oder zumindest fraglich vorhanden ist), kommt der notwendige nächste Schritt: die Einholung der Einwilligung des Patienten. Die dritte Frage, die zu beantworten ist, lautet:

3. *Stimmen das Therapieziel und die geplante Maßnahme mit dem Patientenwillen überein?*

Die Unterscheidung zwischen Therapieziel und geplanter Maßnahme ist für die Praxis sehr wichtig. Zum einen kann es nämlich sein, dass der Patient mit dem Therapieziel selbst von vornherein nicht einverstanden ist. Ein Extrembeispiel hierfür sind Menschen, die aus Angst vor ungewollten Wiederbelebungsmaßnahmen sich die Worte «Do Not Resuscitate» («Nicht reanimieren») auf die Brust tätowieren lassen.[5]

Zum anderen gibt es aber auch den Fall, dass ein Mensch zwar mit dem Therapieziel, aber nicht mit der Maßnahme als solcher einverstanden ist. Bestes Beispiel dafür sind die Zeugen Jehovas, die aus religiösen Gründen Bluttransfusionen ablehnen. Wenn ein Zeuge Jehovas mit dem Auto verunglückt, ist zwar davon auszugehen, dass er gerne gerettet werden möchte (Therapieziel), aber eben nicht unter Einsatz von Blutpräparaten (Therapiemaßnahme). Der Arzt muss also zu anderen Mitteln greifen, und der Patient nimmt das damit einhergehende höhere Risiko aufgrund seiner Glaubensüberzeugung in Kauf, was unbedingt zu respektieren ist.[6]

Der Sonderfall: das Wachkoma

Das Wachkoma stellt einen Sonderfall dar. Bei dieser Krankheit liegt eine schwere Hirnschädigung vor, verursacht meist durch Unfall (Trauma), Durchblutungsstörung oder Sauerstoffmangel (Hypoxie). Die Großhirnrinde, der äußere Teil des Gehirns, der für alle höheren Hirnfunktionen wie Sprechen, Denken und Bewusstsein verantwortlich ist, ist beim Wachkoma so schwer geschädigt, dass all diese Funktionen ausfallen. Da aber der Hirnstamm, der tiefere Anteil des Gehirns, noch funktioniert, kann der Betroffene selbst atmen und besitzt einen Tag-Nacht-Rhythmus, mit tagsüber offenen Augen (daher die Bezeichnung Wachkoma). Auch wenn immer wieder über wundersame Fälle von «Aufwachen» berichtet wurde: Nach einem Jahr Wachkoma sind die Chancen einer Besserung nur noch als verschwindend gering zu bezeichnen.

Im SPIEGEL-Heft vom 13. November 2006 erschien zu diesem Thema ein sorgfältig recherchierter und bewegender Artikel von Beate Lakotta mit dem Titel «Alexanders Abschied». Der erste Satz des Artikels lautete: «Wie lange muss man warten, bis man sterben darf?»

Alexander N. war 20 Jahre alt, als er einen unverschuldeten Verkehrsunfall mit schwerer Gehirnschädigung erlitt. Er war zuvor immer gesund gewesen, hatte viel Sport getrieben, ein Spitzenabitur gemacht. Als kurz vor seinem Unfall einer seiner Freunde mit dem Motorroller schwer verunglückte und ins Wachkoma fiel, hatte er seine Mutter gebeten, dafür zu sorgen, dass er in einem solchen Fall nicht künstlich am Leben erhalten werde.

Nun lag Alexander selbst im Wachkoma. Als die Mutter zaghaft versuchte, das Legen einer Sonde zur künstlichen Ernährung zu verhindern, fragte sie der Arzt, ob sie ihren Sohn verhungern lassen wolle. Nach fast zwei Jahren im Pflegeheim beschließt sie, ihren Sohn mit nach Hause zu nehmen, und bittet den Berliner Arzt Michael de Ridder um Hilfe. De Ridder, der später das wichtige Buch *Wie wollen wir sterben?*[7] schreiben wird, lässt ein neurologisches Gutachten anfertigen, das die

Diagnose bestätigt. Fünf Menschen aus Alexanders engstem Umfeld bezeugen schriftlich, dass er geäußert habe, in einem solchen Zustand nicht am Leben erhalten werden zu wollen. De Ridder und der Hausarzt planen die Beendigung der künstlichen Ernährung und sprechen dies offen mit dem Pflegedienst an. Sie erläutern, dass das Vorgehen geltendem Recht im Sinne der «passiven Sterbehilfe» entspricht und dass der Pflegedienst natürlich das Recht habe, sich bei Gewissensproblemen von der Betreuung des Patienten zurückzuziehen. Daraufhin erstattet der Pflegedienst Anzeige gegen Frau N. bei Gericht. Der Richter geht von einer versuchten Tötung aus und ordnet eine Eilbetreuung und die Unterbringung von Alexander in einem Heim an, wo er weiter ernährt wird. Es dauert ein Jahr, bis das Berliner Landgericht diesen offensichtlichen Rechtsfehler wieder korrigiert und der Mutter die Betreuung zurückgibt. Erst dann, vier Jahre nach dem Unfall, darf Alexander unter palliativmedizinischer Begleitung friedlich zu Hause sterben.[8]

Die Odyssee, die Alexander und vor allem seine Mutter durchmachen mussten, gehört in Deutschland hoffentlich der Vergangenheit an. Grund dafür ist das «Dritte Gesetz zur Änderung des Betreuungsrechts», das 2009 in Kraft getreten ist. Auf dieses, auch als «Patientenverfügungsgesetz» bekannte Paragraphenwerk werden wir in Kapitel 10 noch ausführlicher zurückkommen. Wichtig ist hier die Feststellung, dass in diesem Gesetz nicht nur die Patientenverfügung geregelt wird, sondern vor allem auch, was zu tun ist, wenn keine Patientenverfügung vorhanden ist: In diesem Fall ist nach dem mutmaßlichen Willen des Patienten vorzugehen,[9] wie dies am Ende bei Alexander auch geschehen ist. In dem Gesetz ist im Übrigen auch die Notwendigkeit der Prüfung der medizinischen Indikation durch den Arzt *vor* der Ermittlung des Patientenwillens explizit festgeschrieben.[10]

Es gibt Stimmen in Deutschland und Europa, die Wachkoma-Patienten das «Kranksein» absprechen und sie als eine besondere Form von behinderten Menschen ansehen.[11] Darüber hinaus wird, insbesondere vom konservativen Flügel der katholischen Kirche, die Meinung vorgetragen, dass künstliche Ernährung und Flüssigkeitszufuhr, auch wenn sie über eine Sonde oder über die Vene erfolgen, keine medizinischen Maßnahmen darstellten, sondern Bestandteil der Basispflege seien und damit unter keinen Umständen beendet werden dürften – auch dann nicht, wenn der Patient dies explizit so verfügt hat.

Diese Extremansichten, die in Italien anlässlich des sogenannten «Fall Englaro»[12] zu einem veritablen Kulturkampf geführt haben, werden von der deutschen Ärzteschaft nicht geteilt. Die offizielle Position der Bundesärztekammer ist allerdings weiterhin die, dass – in Abwesenheit von eindeutigen Hinweisen auf den Patientenwillen – es grundsätzlich eine medizinische Indikation zur Ernährung und Flüssigkeitszufuhr bei Wachkoma-Patienten gibt. Dies gilt selbst dann, wenn das Wachkoma schon so lange andauert, dass nach den vorliegenden wissenschaftlichen Erkenntnissen keine vernünftigen Chancen mehr auf ein Wiedererlangen der Kommunikationsfähigkeit bestehen.[13]

Aus ärztlicher, insbesondere palliativmedizinischer Sicht ist zu sagen, dass es nicht unerheblich sein kann, wenn ein Mensch einen klinischen Zustand andauernder Bewusstlosigkeit erreicht hat, der ihm eine Kontaktaufnahme zu seiner Umwelt und eine Kommunikation mit den Mitmenschen unumkehrbar unmöglich macht. Kein vernünftiger Arzt würde zum

Beispiel bei einem Wachkoma-Patienten mit akuter Myokarditis (s. Fallbeispiel oben) die Durchführung einer Herztransplantation befürworten, selbst wenn es keinen Organmangel gäbe.

Jüngste wissenschaftliche Fortschritte werden es in Zukunft noch besser erlauben, mit Hilfe der sogenannten «funktionellen Bildgebung» diejenigen Wachkoma-Patienten, bei denen noch eine Chance zur Besserung besteht, von denen zu unterscheiden, deren Zustand als unumkehrbar zu bezeichnen ist.[14] Bei Patienten mit langjährigem, auch durch Bildgebungsnachweis als eindeutig irreversibel festgestelltem Wachkoma stellt sich daher die Frage, ob die bloße Aufrechterhaltung einer biologischen Existenz tatsächlich ein Therapieziel sein kann, das eine absolute Verpflichtung zur zeitlich unbegrenzten künstlichen Ernährung und Flüssigkeitsgabe begründet. Diese Diskussion wird uns in den kommenden Jahren weiter begleiten.

Bisherige Erfahrungen

Die bisherigen Erfahrungen mit dem «Sterbenlassen» sind geprägt von der neueren Medizingeschichte. Ab der zweiten Hälfte des 20. Jahrhunderts erlebte die Medizin durch die Einführung immer neuer technischer und pharmakologischer Möglichkeiten eine enorme Steigerung ihrer therapeutischen Optionen. Davon profitieren wir alle, denn unsere Lebenserwartung hat sich durch diese Entwicklung ebenso gesteigert wie die Wahrscheinlichkeit, nach einem Autounfall durch den koordinierten Einsatz von Rettungsdiensten, Unfallchirurgen und Intensivmedizinern gerettet zu werden.

Leider hat die Euphorie über die neuen medizintechnischen Errungenschaften bei den Ärzten so etwas wie ein Allmachtsgefühl entstehen lassen – der Begriff «Halbgötter in Weiß» stammt nicht von ungefähr aus dieser Zeit. Die rasanten Fortschritte der Chirurgie und der Intensivmedizin ließen die medizinische Hybris (griechisch für Hochmut) in historisch bislang ungekannte Höhen steigen. Die schöne alte Beschreibung des Arztberufs «Heilen manchmal, lindern oft, trösten immer»[15] wurde beiseitegeschoben zugunsten eines bisweilen enthemmten therapeutischen Aktionismus, bei welchem der Tod des Patienten als die ultimative Niederlage (und für manche die ultimative narzisstische Kränkung) erlebt wurde. Das Interview des berühmten Münchner Herzchirurgen Bruno Reichart in der ZEIT vom 7. Juni 2007 trug nicht von ungefähr den Titel «Ich hasse den Tod».[16]

Als Reaktion auf diese Verdrängung der menschlichen Endlichkeit ist die Entwicklung der Palliativmedizin und der Hospizarbeit zu sehen.[17] Wie wir in Kapitel 11 sehen werden, ist die Palliativmedizin vor allem deshalb für das Medizinsystem unbequem, weil sie die Frage stellt: *Ist wirklich immer alles sinnvoll, nur weil es machbar ist?* Was in der Medizin dringend benötigt wird, ist eine Wiederentdeckung des natürlichen Todes und dessen, was man als das «liebevolle Unterlassen» am Lebensende bezeichnen könnte. Erste ermutigende Anzeichen dafür gibt es schon.[18]

Praktische Bedeutung

Die praktische Bedeutung des «Sterbenlassens» wird immer wieder unterschätzt. Einer großen europäischen Studie aus dem Jahr 2003 zufolge finden zwischen einem Viertel (Italien) und der Hälfte (Schweiz) aller Todesfälle statt, nachdem eine

Entscheidung zur Nicht-Einleitung oder Nicht-Fortführung potentiell lebensverlängernder Maßnahmen gefällt wurde.[19] Deutschland nahm nicht an der Studie teil, dürfte sich aber näher an der Schweiz bewegen. Hinzu kommt, dass nach aller klinischen Erfahrung bei mindestens einem Viertel der Menschen am Lebensende kein «Sterbenlassen» erfolgt, obwohl eine solche Entscheidung sinnvollerweise hätte getroffen oder zumindest diskutiert werden sollen. Zusammen genommen bedeutet dies, dass die Frage des Sterbenlassens etwa drei Viertel (75 Prozent) der Menschen am Lebensende direkt betrifft. Zum Vergleich: Der assistierte Suizid betrifft in der Schweiz 0,7 Prozent der Todesfälle. Das heißt, die Frage des Sterbenlassens ist – rein statistisch gesehen – *hundertmal wichtiger* als die Frage nach dem assistierten Suizid. Und doch findet sie in den Medien, vorsichtig geschätzt, hundertmal weniger Beachtung. Die Realität wird somit durch die Medien um den Faktor 10 000 (hundert mal hundert) verzerrt dargestellt. Eine Tatsache, die nachdenklich stimmt.

Eine weitere, für die Praxis wichtige Bedeutung kommt dem «Sterbenlassen» in all den Situationen zu, in denen dem Wunsch eines Patienten nach Lebensverkürzung dadurch begegnet werden kann, dass vorhandene lebenserhaltende Maßnahmen eingestellt werden. Das hat nichts mit Euthanasie oder Suizid zu tun, was für Patient und Familie sehr hilfreich sein kann.

Der 46-jährige Herr D. war immer sportlich und trainiert gewesen. Er hatte viel Zeit an der frischen Luft verbracht, in seinen geliebten Schweizer Bergen. Aber das ging jetzt nicht mehr. Er war schon vor drei Jahren, aus voller Gesundheit heraus, an amyotropher Lateralsklerose (ALS) erkrankt. Die ALS ist eine unheilbare Krankheit mit fortschreitendem Muskelschwund und Lähmungen, die in zwei bis drei Jahren zum Tode durch Atemlähmung führt. Herr D. hatte während des gesamten Krankheitsverlaufs trotz zunehmender Bewegungsunfähigkeit seinen ansteckenden Humor und seinen Optimismus behalten. Als die Atemschwäche seinen Schlaf zu beeinträchtigen begann, wurde er mit einer sogenannten nichtinvasiven Heimbeatmung versorgt. Das ist eine spezielle Art der Maskenbeatmung, wie sie in ähnlicher Form häufig bei Patienten mit dem sogenannten «Schlafapnoe-Syndrom» durchgeführt wird.[20] Diese Maßnahme war für Herrn D. aus zwei Gründen wichtig: Erstens verbesserte sie seinen Schlaf deutlich, wodurch er tagsüber ausgeruhter war und eine erhebliche Steigerung seiner Lebensqualität erfuhr. Zweitens, und vielleicht sogar noch wichtiger, wurde ihm damit eine große Angst genommen.

Herr D. war schon immer jemand gewesen, der die Kontrolle über sein Schicksal behalten wollte. Auch beim Ausüben von Extremsportarten hatte er mit peinlicher Genauigkeit darauf geachtet, nichts dem Zufall zu überlassen. Die Vorstellung, in eine Situation zu geraten, in der das Leben für ihn unerträglich werden könnte, erfüllte ihn mit Grauen. Am Anfang war schon die Vorstellung des Rollstuhls für ihn schrecklich gewesen, aber wie bei so vielen Patienten hatte sich das mit der Zeit gelegt, und er kam mit seinem Elektrorollstuhl bestens zurecht. Der absehbare Verlust seiner Sprechfähigkeit blieb allerdings für ihn, der lange beim Fernsehen gearbeitet hatte, der reine Albtraum. Da Herr D. in der Schweiz lebte, hätte er sich an eine der dort tätigen Suizidhilfe-Organisationen wenden können. Das wollte er aber nicht, weil er sich Sorgen um die Folgen eines Suizids für seine Frau machte, die ihn während der ganzen Zeit liebevoll begleitet hatte.

Die nichtinvasive Heimbeatmung war in dieser Hinsicht eine unerwartete und hochwillkommene Lösung seines Problems. Nach einer gewissen Zeit werden ALS-Patienten nämlich, aufgrund des Fortschreitens der Krankheit, von der Beatmung abhängig. Die Beatmungszeiten werden immer länger, bis schließlich die Maske die ganze Nacht über und auch einen Großteil des Tages verwendet werden muss. Zu diesem Zeitpunkt bedeutet eine Beendigung der Beatmung automatisch den Tod durch Atemschwäche. Das hat aber – und das ist für viele ALS-Patienten von großer Bedeutung und für ihre Familien oft entlastend – nichts mit Suizid oder gar Euthanasie zu tun, sondern es ist ein klassischer Fall von «passiver Sterbehilfe» oder «Sterbenlassen».

Wie aber lässt es sich verhindern, dass ein Patient unter qualvoller Atemnot leidet, wenn seine Beatmung beendet wird? Dazu dient die sogenannte «palliative Sedierung», die in Kapitel 3 ausführlich besprochen wird. Dort werden wir Herrn D. wiederbegegnen (Fortsetzung auf S. 59).

Krankheiten wie die ALS, die zwar unweigerlich, aber über einen längeren Zeitraum fortschreiten, erlauben es den Patienten, in Ruhe über die vorhandenen Optionen nachzudenken, sich mit den Ärzten zu beraten und auch mal eine Therapiemaßnahme einfach auszuprobieren, im Bewusstsein dessen, dass es sich nie um eine «Einbahnstraße» handelt». Jede einmal begonnene medizinische Behandlung kann, ja muss der Arzt beenden, sobald der Patient seine Einwilligung dazu wieder zurückzieht. Bei einigen Erkrankungen, insbesondere den sogenannten «Organinsuffizienzen» (d. h. Funktionsausfällen von Herz, Lunge, Leber usw.) kann der Verzicht auf lebenserhaltende Maßnahmen von außen gesehen eine gewisse Dramatik aufweisen, wie im folgenden Fall:

Der 68-jährige, stark übergewichtige Patient war auch im übertragenen Sinne ein «Schwergewicht»: Er hatte ein großes Unternehmen geleitet und war es gewohnt, dass seine Befehle umgehend ausgeführt werden. Nur leider gehorchte sein Körper, insbesondere das Herz, seinem Willen schon länger nicht mehr. Er litt an einer komplexen Herzerkrankung mit Rhythmusstörungen und fortschreitender Herzschwäche. Diese verursachte Wasseransammlungen in den Beinen und eine zunehmende Atemnot, die ihn ans Bett fesselte. Der Patient hoffte lange Zeit auf Besserung durch Medikamente und Interventionen, ließ sich einen Herzschrittmacher einsetzen – vergebens. Die Krankheit schritt voran, und er war schließlich fast vollständig auf fremde Hilfe angewiesen, was für einen Mann wie ihn unerträglich war. Als schließlich die sonst immer optimistischen Herzspezialisten auf seine drängende Nachfrage zugeben mussten, dass es keine Heilungschance mehr gab und dass eine weitere Verschlechterung bis zum Tod zu erwarten sei, wurde der Patient sehr ruhig. Er holte seine Familie, besprach sich kurz mit ihr und kündigte den Ärzten anschließend im Befehlston an: «Wenn das so ist, dann will ich sterben. Und zwar sofort.»

Die Ärzte waren perplex. Der Fall ereignete sich in der Schweiz, wo zwar der assistierte Suizid, nicht aber die Tötung auf Verlangen erlaubt ist (s. Kap. 6). Ein assistierter Suizid muss zudem in aller Regel zu Hause stattfinden, nicht im Krankenhaus. Eine Entlassung nach Hause war zwar denkbar, die Vorbereitungen dafür und für den Suizid als solchen hätten aber bis zu zwei Wochen dauern können. Das brachte den Patienten in Rage. Er schimpfte wütend auf die Ärzte und sagte ihnen sinngemäß, wenn sie ihn nicht heilen könnten, dann sollten sie ihn wenigstens umbringen, und zwar unverzüglich. Die behandelnden Ärzte waren mit der Situation etwas überfordert und holten das Palliativteam zu Hilfe, das vom Patienten nur widerwillig empfangen wurde. Seine Botschaft lautete: «Ich möchte keine Beschwerdelinderung, ich möchte sterben, und zwar so schnell wie möglich.» Dass seine Existenz für ihn zur unerträglichen Qual geworden war, schien eindeutig.

Bei der nachfolgenden Besprechung mit den behandelnden Kardiologen stellte der Arzt des Palliativteams die Routinefrage, welche medizinischen Maßnahmen denn noch laufen würden. Hierauf kam die entscheidende Information: Der Patient hatte immer noch seinen Herzschrittmacher. Dieser war auch absolut lebensnotwendig, da aufgrund einer Besonderheit seiner Herzerkrankung die Abschaltung des Herzschrittmachers einen sofortigen Herzstillstand zur Folge haben würde. Die Kardiologen waren zunächst etwas verwundert zu hören, dass ein Herzschrittmacher genauso eine medizinische Maßnahme sei wie beispielsweise eine künstliche Beatmung und dass der Patient selbstverständlich das Recht habe, die Fortsetzung dieser Maßnahme zu verweigern. Nach anfänglichen Zweifeln gingen sie zum Patienten und fragten ihn, ob er die Abschaltung seines Herzschrittmachers (mit nachfolgender unmittelbarer Todesfolge) wünsche. Der trockene Kommentar des Patienten: «Da hätten Sie aber auch früher draufkommen können.» Er verabschiedete sich von seiner Familie, wurde mit Medikamenten in einen Narkosezustand versetzt, um Leiden vorzubeugen (eine Form der palliativen Sedierung, s. Kap. 3), und starb friedlich noch am selben Tag.

Nach dem Tod des Patienten trat noch ein anderes, für die Palliativmediziner nicht ganz unerwartetes Problem auf. Es ging, wie so oft am Lebensende, um Kommunikation und psychologische Betreuung – in diesem Fall des zuständigen kardiologischen Oberarztes. Denn selbst wenn Patient und Angehörige mit der Abschaltung des Herzschrittmachers einverstanden waren und auch wenn der zuständige Arzt genau verstanden hatte, dass es sich um erlaubte «passive Sterbehilfe» handelte: Es ist ein großer Unterschied, ob man eine Behandlung gar nicht erst beginnt oder ob man sie, zumal unter den gegebenen Umständen, beendet. Der Arzt wusste nämlich genau: In dem Augenblick, in dem er den Herzschrittmacher abschaltete, würde der Patient sterben. Er kam sich nach eigener Angabe wie der Henker seines Patienten vor, auch wenn er rational wusste, dass das nicht stimmte. Aber es bedurfte mehrerer Supervisionssitzungen bei einem erfahrenen Psychologen, um die Belastung des Kollegen aufzufangen.

«Passive Sterbehilfe» bzw. «Behandlungsabbruch» (nach der neuen Diktion des Bundesgerichtshofes) sind leider an sich schon eher schwierige Begriffe. Eine alternative Terminologie wird in Kapitel 5 vorgestellt. In der Praxis stellt die Einstellung einer lebensverlängernden Maßnahme in aller Regel eine Belastung, oft auch eine schwere Belastung für die Ärzte und das betreuende Team dar. Sie damit nicht alleine zu lassen und diese oft komplizierten Entscheidungsprozesse behutsam zu begleiten ist eine der Aufgaben der klinischen Ethikkomitees, die zunehmend in deutschen Krankenhäusern etabliert werden.[21]

3
«Indirekte Sterbehilfe» und palliative Sedierung

Fallbeispiel

Die ganze Angelegenheit dauerte quälende sechs Jahre. Sie war kein Ruhmesblatt für das deutsche Rechtssystem, aber auch nicht für die deutsche Ärzteschaft. Und schon gar nicht für die Vorstellung, das in den letzten Jahrzehnten mühsam erworbene Wissen der Palliativmedizin habe inzwischen Eingang gefunden in die klinische Praxis.

Schauplatz der Handlung: ein Universitätskrankenhaus in Süddeutschland. Dr. A., selbst Lungenfacharzt, liegt mit einer weit fortgeschrittenen Lungenfibrose auf dem Sterbebett. Darüber (das wird noch wichtig sein) sind sich alle einig: die behandelnden Ärzte, die Pflegenden, der Patient selbst, seine Frau und sein Sohn, Dr. A. jun., seines Zeichens Chirurg an einer anderen Universitätsklinik.

Die Lungenfibrose ist eine schwere, unheilbare, fortschreitende Krankheit, bei der das Lungengewebe schrittweise durch narbiges Bindegewebe ersetzt wird, so dass immer weniger Lungenbläschen zum lebenswichtigen Austausch von Kohlendioxid (aus dem Blut) gegen Sauerstoff (aus der Luft) zur Verfügung stehen. Eine wirksame Therapie gibt es nicht, die Patienten leiden unter zunehmender Atemnot, bis sie versterben. All das wusste Dr. A., er hatte als Lungenfacharzt genügend Patienten mit dieser Krankheit behandelt. In seiner Patientenverfügung hatte er lebensverlängernde Maßnahmen in der Sterbephase explizit abgelehnt und sich eine palliativmedizinische Behandlung im Sterbeprozess gewünscht. Seine Hoffnung war, ohne qualvolle Atemnot sterben zu dürfen. Dafür hatte er sich für seine letzten Lebenstage auf die internistische Station des Universitätskrankenhauses aufnehmen lassen – ein folgenschwerer Fehler.

Es gibt ein Medikament, das Atemnot wirksam und sicher bekämpft. Es heißt: Morphin. Wie schon seit Anfang der Neunzigerjahre bekannt, ist Morphin das wirksamste und sicherste Medikament, um das qualvolle Gefühl der Atemnot zu lindern. Bei richtiger Anwendung kommt es sogar zu einer Verbesserung des Sauerstoffgehalts im Blut, weil die Atmung ruhiger und damit effizienter wird. Die von vielen Ärzten heute noch gefürchtete «tödliche Atemdepression» (Verringerung des Atemantriebs) tritt bei korrekter Anwendung so gut wie nie auf.[1] Die therapeutische Anwendung von Morphin, bei Schmerzen wie bei Atemnot, beruht auf zwei einfachen Prinzipien:

1. Die Morphindosis ist langsam zu steigern, bis der Patient beschwerdefrei ist – im Extremfall bis zur palliativen Sedierung, die aber keine Lebensverkürzung verursacht (s. unten).
2. Wenn eine stabile Dosierung erreicht worden ist, muss *unbedingt* eine sogenannte «Bedarfsmedikation» für den Notfall verschrieben werden (in der Regel ein Sechstel der Gesamttagesdosis, als schnell wirksames Präparat), weil plötzliche Verschlechterungen regelmäßig auftreten und eine akute Atemnotkrise einen der schwersten Notfälle der gesamten Palliativmedizin darstellt.

Am Abend, an dem er verstarb, litt Dr. A. unter plötzlich einsetzender Atemnot. Sein Zustand verschlechterte sich zusehends, er riss sich die Sauerstoffmaske vom Gesicht und bat darum, sterben zu dürfen. Ehefrau und Sohn riefen um Hilfe, die Krankenschwester kam hinzu, konnte aber nichts tun, weil *keine Bedarfsmedikation angeordnet war* – ein glasklarer Kunstfehler. Sie holte den diensthabenden Oberarzt, der geschlagene 25 Minuten brauchte, um zu kommen. Eine Ewigkeit für jemanden, der sterbend nach Luft ringt. Als der Oberarzt kam, war die Morphinpumpe auf maximalen Durchfluss erhöht worden – vom Sohn oder von der Mutter, das wird sich nie feststellen lassen. Der Patient war am Ende dank der erhöhten Morphinzufuhr etwas friedlicher verstorben.

Nun könnte man meinen, das sei ja gerade noch einigermaßen glimpflich ausgegangen, und die behandelnden Ärzte hätten sich eigentlich bei den Angehörigen für ihr beherztes Eingreifen in einer schrecklichen, durch ärztliche Inkompetenz verursachten Notsituation bedanken müssen. Aber weit gefehlt: Die Klinikärzte haben stattdessen Sohn und Ehefrau des Patienten bei der Polizei wegen Tötung angezeigt.

Was folgte, war eine kafkaesk anmutende Sequenz von Gutachten und Gegengutachten, bis schließlich ein Rechtsmediziner aus Hamburg nach Aktenlage behauptete, die Überdosis Morphin habe die Sterbephase des Patienten verkürzt – um Stunden, vielleicht auch nur um Minuten, aber in jedem Fall verkürzt. Auf dieser Basis klagte die Staatsanwaltschaft Sohn und Mutter wegen Tötung auf Verlangen an und forderte eine Gefängnisstrafe von fünf Jahren.

Hier lohnt es sich, innezuhalten und die Definition und Rechtslage zur sogenannten «indirekten Sterbehilfe» anzuschauen.

Definition und Rechtslage

Das ethische Prinzip, auf welchem die Rechtfertigung der «indirekten Sterbehilfe» basiert, stammt – das wird einige überraschen – aus der katholischen Morallehre. Papst Pius XII. hat es im Jahr 1957 nochmals bekräftigt,[2] im Ursprung geht es aber auf den hl. Thomas von Aquin (1225–1274) zurück. Es nennt sich «die Lehre des Doppeleffekts» (lateinisch: *actio duplicis effectus*). Diese Lehre besagt, dass eine Handlung moralisch erlaubt ist, wenn sie einen guten Zweck verfolgt und ein negativer Nebeneffekt zwar billigend in Kauf genommen, aber nicht als Handlungszweck oder Mittel zum Erreichen des Handlungszwecks erwünscht wird.[3]

Der Rückgriff auf die Lehre des Doppeleffekts wurde notwendig aufgrund der ausgeprägten Ängste vieler Ärzte in Bezug auf die Gabe von starken Schmerzmitteln wie Morphin und starken Beruhigungsmitteln wie den Benzodiazepinen (z. B. Valium) bei schwerstkranken und sterbenden Patienten. Es ist bekannt, dass diese Medikamente in höheren Dosierungen den Atemantrieb verringern können; bei sehr hohen Dosen kann dies bis zum Atemstillstand mit Todesfolge führen.

Um zu verhindern, dass Ärzte bei schweren Symptomen, wie Schmerzen oder Atemnot am Lebensende, zu geringe Medikamentendosierungen verschreiben aus Angst, sich strafbar zu machen, wird die Lehre des Doppeleffekts herangezogen. Danach ist es ethisch erlaubt, hohe Dosen von schmerzstillenden Medikamenten zu verabreichen, wenn es keine andere Möglichkeit zur Beschwerdelinderung gibt und eine eventuelle Verkürzung der Sterbephase durch die Medikamente zwar als unbeabsichtigte Nebenwirkung möglich, aber nicht als Ziel beabsichtigt ist. Dieses ethische Prinzip wurde Ende des vergangenen Jahrhunderts in der deutschen Rechtsprechung zum Lebensende vom Bundesgerichtshof explizit bestätigt.[4, 5]

Bisherige Erfahrungen

Die bisherigen Erfahrungen mit dem Konstrukt des Doppeleffekts waren uneinheitlich. Wohl auch wegen seiner Kompliziertheit hat es dieses Prinzip trotz höchstrichterlicher Bestätigung nicht geschafft, die Ängste vieler Ärzte in Bezug auf die Medikamentengabe am Lebensende zu beruhigen. Das geht unter anderem aus einer Untersuchung bei neurologischen Chefärzten hervor, in der diese gefragt wurden, ob sie dem folgenden Satz zustimmen: «Es ist illegal, schmerzstillende Medikamente in solchen Dosierungen zu geben, die das Risiko der Atemdepression mit möglicher Todesfolge beinhalten.» Etwa ein Drittel der Befragten stimmte der (falschen) Aussage zu, was die Befürchtung aufkommen lässt, dass in den von diesen Ärzten geleiteten Kliniken möglicherweise zu geringe Dosierungen von Schmerzmitteln am Lebensende verabreicht werden könnten, aus Angst vor juristischen Folgen.

Aber auch die Juristen selbst scheinen ihre liebe Not mit diesem Konstrukt zu haben: Eine Untersuchung bei Vormundschaftsrichtern (heutige Bezeichnung: Betreuungsrichter) zeigte, dass bis zu 44 Prozent beispielsweise den Verzicht auf eine Chemotherapie fälschlicherweise als «indirekte Sterbehilfe» einordneten (s. Kap. 5, Abb. 5.1). Und die Probleme mit diesem Rechtskonstrukt dauern leider bei Ärzten wie Juristen bis heute an, wie der nun weiter zu beschreibende Fall auf dramatische Weise gezeigt hat:

Im April 2014 (fast sechs Jahre nach dem Tod von Dr. A.) wird schließlich die Hauptverhandlung eröffnet. Eine Reihe hochkarätiger Gutachter aus der Inneren Medizin, der Intensivmedizin und der Palliativmedizin stellt den behandelnden Ärzten bohrende Fragen. Der Oberarzt, der 25 Minuten gebraucht hat, um zum Patienten zu kommen, und dann die Polizei eingeschaltet hat, wird gefragt, woher er seine palliativmedizinischen Kenntnisse habe. «Aus Gesprächen mit Kollegen» ist seine Antwort. Die Gutachter legen Studien vor, die starke Zweifel an der Aussage des Gerichtsmediziners aufkommen lassen, die Morphingabe habe den Tod des Patienten mit Sicherheit beschleunigt. Aber das ist eigentlich gar nicht der Punkt. Eine Gutachterin sagt: «Wir schauen nicht auf den Wirkstoffspiegel, sondern geben so viel, dass es das Leiden lindert.» Der Staatsanwalt fragt sie: «Und wenn der Tod dadurch früher eintritt?» – «Dann nehmen wir das in Kauf. In der Sterbesituation ist das ohne Belang.»[6]

Wohlgemerkt: Das, was die Gutachterin ausspricht, ist nicht nur ein ehernes Prinzip der Palliativmedizin, sondern – wie oben dargestellt – schon seit 1996 vom Bundesgerichtshof festgelegte Rechtsprechung, die aber von Staatsanwaltschaft und Gericht trotz mehrfacher Hinweise der Verteidigung konsequent ignoriert wurde.

Kurz zusammengefasst, bestehen erhebliche Zweifel daran, dass die erhöhte Morphingabe die Sterbephase des Patienten überhaupt verkürzt hat. Wäre dies aber der Fall gewesen, so hätte es sich unzweifelhaft um einen Fall von erlaubter «indirekter Sterbehilfe» gehandelt, denn Sohn und Ehefrau haben die Morphindosis nur erhöht, um die Qualen des Patienten zu lindern. Dieses Gerichtsverfahren, das unendlich viel Leid über die unschuldigen Angeklagten gebracht hat, hätte also nie eröffnet werden dürfen. Dabei haben sich nicht nur die Juristen blamiert – auch die Ärzteschaft ist nicht gerade gut weggekommen. Ein renommierter Gutachter stellte im Prozess fest: «Herr A. hat getan, was die Pflicht der Klinikärzte gewesen wäre. Dafür steht er heute mit einem Tötungsvorwurf vor uns. Das finde ich fatal.» Wenn überhaupt jemand auf die Anklagebank gehört hätte, dann die behandelnden Ärzte der Klinik, die durch ihre palliativmedizinische Inkompetenz eine Situation erst heraufbeschworen haben, in welcher Ehefrau und Sohn gezwungen wurden zu handeln, da sie dem qualvollen Erstickungstod ihres Ehemanns und Vaters nicht tatenlos zusehen konnten. Ein Gutachter bezeichnete dies überspitzt, aber zutreffend als «Notwehr». Zu einem versöhnlichen Ende des Verfahrens kam es dennoch nicht.

Nachdem die Gutachter die Anklage der Staatsanwaltschaft zerpflückt haben, sieht alles nach einem Freispruch aus. Doch der Richter deutet an, dass aus seiner Sicht eine Verurteilung durchaus noch denkbar sei. Eine Revision wäre danach zwar möglich, der Ausgang aber unsicher. Diese Vorstellung ist für die Angeklagten unerträglich. Zähneknirschend stimmen sie dem Vorschlag ihrer Verteidiger zu, eine Einstellung des Verfahrens gegen Zahlung einer Geldauflage zugunsten einer gemeinnützigen Einrichtung zu beantragen. Der Vorschlag wird von Staatsanwaltschaft und Gericht sofort akzeptiert. Das ist ein Freispruch zweiter Klasse. Die Angeklagten gelten weiter als unschuldig, bleiben aber auf sechsstelligen Anwalts- und Gutachterkosten sitzen und müssen je 15 000 Euro zahlen, ironischerweise an das lokale Hospiz – wäre ihr Vater dort betreut worden, dann wäre er wohl friedlich verstorben und das ganze Verfahren hätte es nie gegeben. Die betreuenden Ärzte der Universitätsklinik brauchen hingegen nichts mehr zu befürchten: Ihre Fehlbehandlung ist inzwischen verjährt.

Praktische Bedeutung

Die praktische Bedeutung des Konstrukts der «indirekten Sterbehilfe» hat sich durch die neueren Erkenntnisse der Palliativforschung stark relativiert. Im Grunde kann man sagen, dass man auf dieses Konstrukt – außer in absoluten Ausnahmefällen, wie den oben beschriebenen – fast vollständig verzichten kann.

Grund für diese Aussage sind mehrere Studien, die zeigen, dass die Gabe selbst hoher Dosierungen von stark wirksamen Medikamenten wie Morphin oder Benzodiazepinen die Sterbephase nicht verkürzt. Die englischen Palliativmediziner Nigel Sykes und Andrew Thorns haben hierzu schon im Jahr 2003 eine Übersicht veröffentlicht, welche 17 Studien mit insgesamt über 3000 Patienten umfasst.[7] In jeder einzelnen Studie, wie auch in ihrer Gesamtschau, ergeben sich keinerlei Hinweise auf eine lebensverkürzende Wirkung der genannten Medikamente. Wenn überhaupt, gibt es Hinweise darauf, dass unter dieser Behandlung die Sterbephase etwas verlängert werden könnte. Eine weitere Studie aus dem Jahr 2005 zeigte entsprechend: Die Gabe von Morphin bei Patienten, bei denen bei aussichtsloser Prognose auf Intensivstation eine künstliche Beatmung beendet wurde, gestaltete die Sterbephase nicht nur friedlicher, sondern auch etwas länger.[8]

Dies steht im Einklang mit unseren Erfahrungen im palliativmedizinischen Alltag. Es ist nachvollziehbar, dass ein

Mensch, der im Sterben liegt und von quälenden Symptomen belastet wird, im Zweifel nicht nur schlechter, sondern auch schneller stirbt. Daher ist es nicht verwunderlich, wenn eine gute palliativmedizinische Behandlung sozusagen als «Nebenwirkung» die Sterbephase eher etwas verlängert. Wie wir im Folgenden sehen werden, gilt dies auch für die ausgeprägteste Form der medikamentösen Symptomkontrolle, die sogenannte «palliative Sedierung».

Palliative Sedierung

Viele Ärzte haben, wie erwähnt, Angst vor der Verabreichung von Morphin und ähnlichen Medikamenten (sogenannter «Opioide») in höheren Dosierungen, da sie befürchten, den Tod des Patienten durch die atemdämpfende Wirkung dieser Medikamente zu beschleunigen. Diese Angst ist zwar unbegründet, aber oft so ausgeprägt, dass sich dafür der Begriff der «Opioid-Phobie» eingebürgert hat – im wahrsten Sinne des Wortes eine Art ärztliche Berufskrankheit. Besonders schwer tun sich Ärzte damit, diese Medikamente (und auch angstlösende Mittel wie die Benzodiazepine) bei Atemnot anzuwenden, obwohl alle vorhandenen Daten darauf hinweisen, dass Morphin bei Atemnot das wirksamste und gleichzeitig das sicherste Mittel ist. Die Folgen der Opioid-Phobie können für Patienten verheerend sein.[1]

Dabei ist es sehr leicht zu verstehen, warum es bei korrekt durchgeführter Therapie im Grunde unmöglich ist, Patienten mit Morphin oder Benzodiazepinen umzubringen. Das Grundprinzip der Behandlung mit diesen Medikamenten ist nämlich die sogenannte «Titrierung». Das bedeutet nichts anderes, als dass man mit einer niedrigen Dosis beginnt und diese schrittweise steigert, bis die Beschwerden zufriedenstellend gelindert sind. In den allermeisten Fällen gelingt dies, ohne dass das Bewusstsein des Patienten durch die Medikamente eingeschränkt wäre. In seltenen Fällen sind die Beschwerden (Schmerzen, Atemnot, Angst etc.) aber so schwer, dass die Dosis bis zu einem Punkt gesteigert werden muss, an dem der Patient – nein, nicht stirbt, sondern die bekannteste Nebenwirkung von Morphin und Beruhigungsmitteln erfährt: Er schläft ein.

Das Wort «Morphin» kommt nämlich von Morpheus, dem griechischen Gott der Träume (Sohn des Hypnos, Gott des Schlafes). Wichtig ist: Durch das Einschlafen des Patienten wird gleichzeitig eine wirksame Symptomlinderung erreicht, wenn auch um den Preis des Bewusstseinsverlusts durch den Schlaf. Was man ab diesem Zeitpunkt tunlichst vermeiden sollte, ist, die Dosierung weiter zu steigern, denn dafür gibt es keinen Grund mehr. Wenn man dies nicht tut, wird man so gut wie nie Probleme mit der atemdämpfenden Wirkung der Opioide und Benzodiazepine bekommen.[9]

Die eben beschriebene Prozedur nennt man *«palliative Sedierung»*. Sie ist das letzte Mittel, die *ultima ratio* der Palliativbetreuung. Wenn nichts anderes mehr geht, ist es aus ärztlicher, ethischer und rechtlicher Sicht erlaubt, mit Einverständnis des Patienten ihm Medikamente zu verabreichen mit dem Zweck, sein Bewusstsein zu dämpfen und ihn in einen narkoseähnlichen Schlaf zu versetzen, um seine Leiden zu lindern (ein technischer Hinweis für Kollegen: Wenn eine palliative Sedierung von vornherein beabsichtigt ist, verwendet man dafür als Medikament der ersten Wahl nicht Morphin, sondern Benzodiazepine wie z. B. Midazolam). Diese Maßnahme hat nichts mit Euthanasie zu tun, denn auch die palliative Sedierung verkürzt die Sterbephase nicht. Das wurde inzwischen ebenfalls in einer Übersichtsarbeit bestätigt, in der 11 Studien mit über 1800 Patienten analysiert wurden.[10] Wenn überhaupt, wird die Sterbephase durch die Sedierung aus den oben genannten Gründen sogar ein wenig verlängert.

Interessant ist es, sich die Gründe anzuschauen, weshalb palliative Sedierungen durchgeführt werden. Bei den Symptomen stehen nicht so sehr die Schmerzen im Vordergrund, sondern Delir und Atemnot. Immer häufiger wird zudem die Frage gestellt, ob auch ein unerträgliches psychisches oder existentielles Leiden im Kontext einer schweren Krankheit mit kurzer Lebenserwartung eine Indikation für eine palliative Sedierung darstellen könnte.[11] In diesem Punkt tun sich Ärzte auf beiden Seiten des Atlantiks gleichermaßen schwer.[12] Diese Frage wird in den kommenden Jahren sicher weiter für Diskussionen sorgen.

Sedierung in der Terminalphase

Eine weitere Einsatzmöglichkeit der palliativen Sedierung finden wir in der Sterbephase. Es kommt, wenn auch selten, vor, dass Patienten in ihren allerletzten Stunden an so schweren Symptomen leiden (auch hier geht es seltener um Schmerzen, sondern meist um Unruhe/Delir oder Atemnot), dass die einzige Möglichkeit, sie ausreichend zu lindern, in einer kontrollierten Sedierung besteht, die dann bis zum Todeszeitpunkt beibehalten wird (sogenannte «Sedierung in der Terminalphase»). Dies natürlich nur, wenn der Patient darüber aufgeklärt wurde und damit einverstanden ist.

Die Gefahr in der heutigen Medizin besteht hier ausnahmsweise nicht darin, dass diese Form der Palliativtherapie zu selten, sondern dass sie zu oft und unnötigerweise angewendet wird. Sterbende Patienten bekommen nämlich leider sehr oft und fast «reflexhaft» eine Morphin-Infusion angehängt, ob sie diese nun brauchen oder nicht. Sie dient der Beruhigung – vor allem der Beruhigung des pflegerischen und ärztlichen Personals. Aber sie nimmt den sterbenden Menschen jede Möglichkeit der Kommunikation in der Sterbephase, so dass möglicherweise Wichtiges nicht mehr gesagt werden kann.[13] Das passiert paradoxerweise auch und gerade bei Patienten, denen im Verlauf ihrer Erkrankung Opioide zur Symptomlinderung mit dem Hinweis auf die Gefährlichkeit dieser Medikamente verwehrt worden waren – eine der vielen Irrationalitäten in der Medizin am Lebensende.

Eine Sonderform der «Sedierung in der Terminalphase» findet statt, wenn eine lebensverlängernde Maßnahme wie z. B. eine künstliche Beatmung auf Wunsch des Patienten beendet wird und man sicherstellen möchte, dass der Patient in der Sterbephase nicht leidet. Das bedeutet konkret, dass man den Patienten *vor* Beendigung der Beatmung in einen narkoseähnlichen Zustand versetzen (sedieren) muss, damit er gar nicht erst in die Gefahr kommt, eine quälende Atemnot zu entwickeln. Leider gibt es immer noch Ärzte, die diese Form der Sedierung für verbotene «aktive Sterbehilfe» halten. Dass dies nicht der Fall ist, hat der Münchner Strafrechtler Heinz Schöch schon im Jahr 1994 unmissverständlich klargestellt.[14] Zum einen tötet die Sedierung den Patienten nicht, denn würde man die Beatmung nicht beenden, würde der Patient irgendwann aus der Sedierung einfach aufwachen. Zum anderen gehört die Sedierung zum medizinisch korrekten Vorgehen bei der Beendigung der Beatmung genauso wie z. B. die Narkose zu einer Blinddarmoperation. Strafbar – da ein

Kunstfehler – wäre also nur die *Nicht*-Durchführung der Sedierung in einer solchen Situation.

Um zu sehen, wie dies in der Praxis ablaufen kann, ist es nun an der Zeit, Herrn D., dem ALS-Patienten aus dem vorherigen Kapitel, wiederzubegegnen:

(Fortsetzung von Seite 43) Nach eingehenden Diskussionen mit seiner Ehefrau kommt Herr D. zu dem Schluss, dass seine Lebensqualität inzwischen zu weit gesunken ist, um weiter künstlich am Leben erhalten zu werden. Er bittet also, wie von vornherein vereinbart, um eine fachgerechte Durchführung der Beendigung seiner Beatmung. Das tut er mit der Direktheit und dem Humor, den wir nun schon lange von ihm kennen: «Ihr könnt ja dann mein Beatmungsgerät und meinen Rollstuhl recyceln.» Zwei Wochen davor war er in einer Talkshow des Schweizer Fernsehens zum Thema Lebensende aufgetreten und hatte sich für die Palliativmedizin starkgemacht. Das war sein letzter großer Auftritt. Jetzt mag er nicht mehr.

Die Beendigung der Beatmung wird auf unserer Palliativstation durchgeführt. Zwei Ärzte und eine Krankenschwester sind bei ihm sowie natürlich seine Frau. Das sedierende Mittel wird ihm vorsichtig über die Vene verabreicht, bis er tief und fest schläft. Dann wird die Beatmung beendet und die Maske abgenommen. Er atmet sehr flach und ruhig noch einige Zeit weiter und verstirbt schließlich friedlich. Seine Frau schreibt uns danach, dass ihr in ihrer Trauer immer wieder der Gedanke Halt gibt, dass ihr Mann genau so gestorben ist, wie er es sich gewünscht hat.

Das Problem bei dieser Form der Sedierung liegt nicht so sehr im rechtlichen oder ethischen, sondern – ähnlich wie bei der in Kapitel 2 behandelten «passiven Sterbehilfe» – im psychologischen Bereich. Das Verabreichen einer Spritze mit nachfolgendem Tod des Patienten erinnert an Bilder, die man von der Praxis der Tötung auf Verlangen oder gar der Durchführung von Todesurteilen her kennt. Das gilt selbst dann, wenn der Patient nicht durch die Spritze selbst, sondern durch die Beendigung der Beatmung und damit letztlich an seiner Erkrankung stirbt. Es bedarf einer äußerst sorgfältigen Vor- und Nachbesprechung dieser Maßnahme mit den beteiligten Fachkräften, um psychologische Belastungen zu vermeiden bzw. aufzufangen. Solche Besprechungen sind glücklicherweise auf Palliativstationen die Regel.

4
«Aktive Sterbehilfe» und Tötung ohne Verlangen

Fallbeispiel

Cees war ein erfolgreicher Restaurantbesitzer in Amsterdam. Immer freundlich und gut gelaunt, die Gäste kamen gerne zu ihm und seiner Frau Antoinette. Aber seit längerem kann er seinen Beruf nicht mehr ausüben. Er ist an amyotropher Lateralsklerose (ALS) erkrankt (s. Kap. 2) und sitzt im Rollstuhl. Seine Frau kümmert sich liebevoll um ihn, aber Cees geht es nicht gut. Er hat immer wieder Schmerzen, kann nachts schlecht schlafen, ist oft verschleimt und bekommt dabei Atemnot, die Muskelsteifigkeit (Spastik) macht ihm tagsüber zu schaffen, Ängste suchen ihn immer wieder heim und die Stimmung (wenig verwunderlich) ist ziemlich im Keller. Bemerkenswert ist, dass sein Hausarzt sich zwar sehr um ihn sorgt, Cees aber kaum Medikamente für seine Symptome bekommt, die eigentlich alle behandelbar wären. Dass seine Frau ebenfalls schwer belastet ist und unter Ängsten und Depression leidet, ist in der Situation ebenfalls nicht überraschend.

Eines Tages erinnert Cees seinen Hausarzt daran, dass dieser ihm versprochen habe, sein Leiden zu verkürzen, wenn es unerträglich geworden sei. Dieser Zeitpunkt sei jetzt da. Der Arzt nickt verständnisvoll. In den Niederlanden ist die «aktive Sterbehilfe» (holländisch: Euthanasie; deutsch besser: Tötung auf Verlangen) zu diesem Zeitpunkt zwar noch nicht gesetzlich geregelt, aber schon länger geduldet, wenn sie von Ärzten unter Einhaltung bestimmter Grundregeln praktiziert wird. Dazu gehört unter anderem die Einbeziehung eines zweiten, unabhängigen Arztes, der den Patienten untersucht und berät. Auch der zweite Arzt ist sehr zugewandt und verständnisvoll. Genau wie der Hausarzt klärt er den Patienten und seine Ehefrau darüber auf, dass ihm aufgrund der Krankheit eine qualvolle Sterbephase bevorstehe. Er werde voraussichtlich, wenn er nicht den Weg der Euthanasie wähle, grausam ersticken. Daraufhin entscheidet sich Cees endgültig für die Euthanasie, die am Abend seines 57. Geburtstages vom Hausarzt durchgeführt wird – vor laufender Kamera.

Dieser Fallbericht ist eine Inhaltsangabe des Dokumentarfilms *Dood op verzoek* (Tod auf Verlangen), den der holländische Regisseur Maarten Nederhorst im Jahr 1994 gedreht hat und der mit mehreren Preisen ausgezeichnet wurde.[1] Ich benutze den Film regelmäßig in meinen Vorlesungen über Palliativmedizin, weil er auf eindrucksvolle Weise vor Augen führt, wie eine Regelung, die zum Schutz der Selbstbestimmung gedacht ist, den gegenteiligen Effekt erreichen kann, wenn das notwendige Fachwissen bei den Ärzten fehlt.

So gut wie alle belastenden Symptome, die Cees im Film erwähnt oder zeigt, wären einer palliativmedizinischen Behandlung gut zugänglich – und doch sagt der Apotheker am Ende des Films, als er dem Hausarzt die Euthanasie-Mittel überreicht: «Ja, das ist verwunderlich. Er hat bisher kaum Medikamente von uns gebraucht.» Ohne die Fülle an physischen und psychischen Beschwerden wäre die Entscheidungssituation für Cees womöglich eine andere gewesen. Aber das ist noch nicht einmal das Schlimmste.

Einer der wichtigsten Gründe für Cees' Bitte um Euthanasie, der zum Schluss auch entsprochen wird, ist seine Angst vor einem qualvollen Tod durch «Ersticken», die ihm von zwei verschiedenen Ärzten als realistisch bestätigt wird. Das Fatale daran: *Diese Information ist falsch.* Über 90 Prozent der ALS-Patienten sterben friedlich; die ersten Veröffentlichungen dazu waren zum Zeitpunkt des Films schon bekannt.[2] Die Wahrscheinlichkeit eines ALS-Patienten, friedlich zu sterben, ist sogar höher als die der Allgemeinbevölkerung. Qualvolles Ersticken kommt in der Sterbephase bei ALS so gut wie nicht vor.[3]

Damit ist dieser Film ein besonders gelungenes, weil nicht als solches gemeintes «Beweismittel» dafür, wie sehr unsere vermeintliche Selbstbestimmung von unserer Umwelt und den Informationen, die wir von dieser erhalten, beeinflusst wird. Gerade Entscheidungen über medizinische Maßnahmen sind im höchsten Maße davon abhängig, was Ärzte ihren Patienten sagen und vor allem, *wie* sie es sagen. Darauf werden wir in Kapitel 11 noch einmal zurückkommen.

Definition und Rechtslage

Was in den Niederlanden und Belgien inzwischen akzeptierte Praxis ist und dort mit dem Begriff «Euthanasie» belegt wird, ist in Deutschland eine Straftat. § 216 des Strafgesetzbuchs (StGB) lautet:

§ 216 StGB: Tötung auf Verlangen
(1) Ist jemand durch das ausdrückliche und ernstliche Verlangen des Getöteten zur Tötung bestimmt worden, so ist auf Freiheitsstrafe von sechs Monaten bis zu fünf Jahren zu erkennen.
(2) Der Versuch ist strafbar.

Die rechtliche Begründung dieses Paragraphen ist gar nicht so trivial, wie man es auf den ersten Blick vermuten könnte. Es ist nämlich nicht selbstverständlich, dass man in einem logisch aufgebauten Rechtssystem wie dem deutschen die Suizidhilfe straflos lässt, die Tötung auf Verlangen aber mit bis zu fünf Jahren Haft bestraft. Das kann man zum einen damit begründen, dass die Tötung anderer Menschen generell verboten sein sollte, und zwar selbst dann, wenn es auf deren Wunsch hin geschieht. Dafür gibt es überzeugende rechtliche und ethische Argumente, aber auch das Gegenargument der unangemessenen Einschränkung der Freiheit des einzelnen Bürgers. Dieser tue ja niemand anderem etwas Böses, wenn er – zumal in der Situation aussichtsloser Krankheit – dem ausdrücklichen Wunsch eines Menschen folgt und ihm auf diese Weise zu dem ersehnten Tod verhilft. Im Gegenteil, eine solche Tötung könne aus ethisch sehr achtenswerten Gründen erfolgen. Warum sollte sie dann ausnahmslos unter Strafe gestellt werden?

Es gibt zum einen gute empirische Gründe, um die Strafbarkeit der Tötung auf Verlangen zu befürworten (s. Kap. 7). Zum anderen hat der Münchner Strafrechtler Ulrich Schroth ein bemerkenswertes rechtsphilosophisches Argument in die Debatte eingeführt. Er argumentiert, bei dem Verbot der Tötung auf Verlangen solle vor allem die Entscheidungsreife eines Entschlusses zur Selbsttötung garantiert werden. Nur wer bereit ist, an sich selbst Hand anzulegen, sei auch entscheidungsreif in seinem Wunsch zu sterben.[4] Diese Argumentation klingt zunächst vielleicht etwas befremdlich; sie wird aber von den empirischen Daten zum assistierten Suizid und zur Tötung auf Verlangen, die inzwischen über viele Jahre in verschiedenen Ländern erhoben wurden, durchaus unterstützt, wie wir in Kapitel 7 sehen werden.

Bisherige Erfahrungen: Holland und Belgien

In Holland sind bis heute die Suizidassistenz und die Tötung auf Verlangen strafrechtlich verboten. Bereits seit den Siebzigerjahren haben allerdings niederländische Gerichte die Durchführung beider Praktiken durch Ärzte unter strengen Bedingungen ermöglicht, damals noch ohne gesetzliche Grundlage. Eine erste Richtlinie, herausgegeben von der holländischen Ärztevereinigung und der Apothekergesellschaft, erschien schon 1987 unter dem Titel *Standaard Euthanatica* und wurde bis zuletzt 2012 fortlaufend aktualisiert.[5] Es folgte in den Achtziger- und Neunzigerjahren eine Zeit der intensiven gesellschaftlichen Diskussion, bis schließlich im Jahr 2001 das «Gesetz zur Kontrolle der Lebensbeendigung auf Verlangen und Hilfe bei der Selbsttötung» erlassen wurde, das am 1. April 2002 in Kraft trat.

Das Gesetz schließt die Strafverfolgung bei der ärztlichen Suizidhilfe und Tötung auf Verlangen unter bestimmten, genau definierten Bedingungen aus. Diese sind:

- Der behandelnde Arzt muss sich überzeugen, dass der Patient eine freiwillige und wohlüberlegte Anfrage gestellt hat, dass sein Zustand aussichtslos ist und er unerträglich leidet.
- Er muss den Patienten über dessen Situation und über dessen Aussichten aufklären und gemeinsam mit dem Patienten zu der Überzeugung gelangen, dass es keine andere annehmbare Lösung gibt.
- Er muss mindestens einen anderen, unabhängigen Arzt zu

Rate ziehen, der den Patienten untersucht und schriftlich zu den genannten Sorgfaltskriterien Stellung nimmt.

– Er muss bei der Lebensbeendigung oder bei der Suizidhilfe mit medizinischer Sorgfalt vorgehen.[6]

Ebenfalls 2002 legalisierte Belgien die ärztliche Tötung auf Verlangen, nach einer im Vergleich zum Nachbarland eher kurzen Debatte. Die Suizidhilfe wird im belgischen Gesetz nicht explizit geregelt. In der Praxis wird sie als eine Art «Variante» der Tötung auf Verlangen angesehen, die allerdings sehr selten angewendet wird. Luxemburg hat im Jahr 2008 analog zu den Niederlanden die Tötung auf Verlangen und die Suizidhilfe legalisiert.

Die gesellschaftliche Akzeptanz für diese Gesetze ist in den Benelux-Ländern generell als sehr hoch anzusehen. Entsprechende offizielle Berichte über die Anwendung der Euthanasie-Gesetze, wie sie dort im Sprachgebrauch genannt werden, kommen zu dem Schluss, dass die Gesetze ihr Ziel (die Stärkung der Selbstbestimmung) erreicht haben und bestenfalls noch Details der praktischen Umsetzung verbessert werden können.

Die Inanspruchnahme dieser Praktiken ist nach den offiziellen Angaben seit Einführung der Gesetze in Holland und Belgien stetig gestiegen. Sie lag 2012 bei 16 von 1000 Todesfällen in Belgien und 28 von 1000 in Holland. Bemerkenswert ist dabei, dass es sich in beiden Ländern fast ausschließlich um Tötungen auf Verlangen handelt und der assistierte Suizid kaum eine Rolle spielt. Diesen Punkt werden wir in Kapitel 7 noch einmal ausführlich betrachten.

Inzwischen findet in beiden Ländern eine lebhafte Debatte über die Grenzen der Euthanasie-Praxis statt. Kernpunkt ist die Frage, ob auch psychisch kranke Patienten, Demenzpatienten sowie «lebenssatte» hochbetagte Menschen Zugang zur Euthanasie bekommen sollten. Die Tendenz geht eindeutig in Richtung einer weiteren Liberalisierung; gesetzliche Konsequenzen wurden aber bisher aus der Debatte noch nicht gezogen.

Praktische Bedeutung

Die Strafbarkeit der Tötung auf Verlangen war in Deutschland bis noch vor wenigen Jahren allgemeiner Konsens. Erst in letzter Zeit, im Zuge der wieder aufflammenden «Sterbehilfe-Debatte», wurde die Abschaffung dieses Straftatbestandes gefordert. Dies unter anderem mit dem Hinweis, es genüge nicht, «nur» den assistierten Suizid zu legalisieren; denn es gebe Menschen, die aufgrund ihres Zustandes nicht in der Lage seien, sich selbst zu töten, und daher durch eine solche Regelung diskriminiert würden. Dieses Argument ist allerdings angesichts des technischen Fortschritts inzwischen hinfällig (s. Kap. 7).

In der Praxis wird in Deutschland die Tötung auf Verlangen vor allem mit öffentlichkeitswirksamen Gerichtsverfahren in Verbindung gebracht, wie der unsägliche Prozess gegen Dr. A., der in Kapitel 3 ausführlich beschrieben wird. Ein anderes Beispiel ist der Fall des Unternehmers Ottmar B., der seine kranke Frau erschoss – auf ihren dringenden Wunsch hin, wie er beteuerte – und von seiner Stieftochter wegen Mordes angeklagt wurde.[7] Diese Fälle taugen vielleicht zur Auflagensteigerung der berichtenden Medien, aber sicher nicht als Basis für eine allgemeingültige Regelung. In allen verfügbaren Umfragen ist der Anteil der Ärzte, die bei einer etwaigen Legalisierung bereit wären, eine Tötung auf Verlangen durchzuführen, weit niedriger als der Anteil, der sich vorstellen könnte, Suizidhilfe zu leisten.[8] Die praktische Bedeutung der Tötung auf Verlangen ist daher in Deutschland derzeit als eher gering einzustufen.

Tötung ohne Verlangen

Besonders befremdlich erscheinen im Zusammenhang mit der Euthanasie-Gesetzgebung in Holland und Belgien Berichte darüber, dass es sich bei einem kleinen, aber nicht ganz unwesentlichen Anteil der Euthanasie-Fälle um *Tötungen ohne Verlangen* handelt (im Fachjargon als «LAWER» bezeichnet: life-terminating act without explicit request).[9] Das sind unter anderem Fälle, in denen bei Patienten, die nicht mehr entscheidungsfähig waren, die Angehörigen gemeinsam mit den Ärzten entschieden haben, dass der mutmaßliche Wille des Patienten in einer solchen Situation der sei, möglichst schnell zu sterben, was als Basis für die Durchführung der Euthanasie herhalten musste.

Es mag sogar sein, dass es Einzelfälle gibt, bei denen aufgrund früherer Aussagen des Patienten eine solche Annahme zu rechtfertigen wäre. Aber die Prozedur als solche erscheint aus ethischer Sicht nicht akzeptabel: Wenn eine Gesellschaft damit anfängt, ihre Mitglieder aufgrund von Mutmaßungen über ihren Willen zu töten, ist eine gefährliche Grenze überschritten. Dieses Argument alleine würde meines Erachtens ausreichen, um die Beibehaltung der Strafbarkeit der Tötung auf Verlangen zu befürworten.

Erst kürzlich wurde in Belgien eine Ausweitung des Euthanasie-Gesetzes beschlossen, die es ermöglicht, Tötung auf Verlangen auch bei Minderjährigen durchzuführen. Voraussetzung dafür ist der ausdrückliche Wunsch eines Minderjährigen, der an einer unheilbaren, zum Tode führenden Krankheit mit unerträglichen Schmerzen oder anderen nicht behandelbaren Symptomen leidet. Außerdem müssen die Eltern zustimmen und ein Arzt oder Psychologe muss die Urteilsfähigkeit des Kindes bestätigen. Eine feste Altersgrenze gibt es nicht (anders als in Holland, wo die Tötung auf Verlangen ab zwölf Jahren möglich ist).[10]

Diese Entwicklung stößt ebenfalls bei vielen Menschen auf Bedenken. Besonders ernst zu nehmen sind die Einwände, die aus dem Munde derjenigen kommen, die sich hauptberuflich mit schwerstkranken und sterbenden Kindern beschäftigen: die Kinderpalliativmediziner. Das ist eine seltene Spezies, weil zum einen Gott sei Dank Kinder nur selten sterben (nur etwa einer von 200 Todesfällen betrifft einen Minderjährigen); zum anderen handelt es sich um einen der fachlich wie emotional anspruchsvollsten Tätigkeitsbereiche in der gesamten Medizin. Das Spektrum von Krankheiten mit tödlichem Ausgang ist bei Kindern ungleich größer als bei Erwachsenen; Krebs spielt mit 13 Prozent eine untergeordnete Rolle. Viele Krankheiten, an denen Kinder sterben, sind selten oder sehr selten – manchmal ist es sogar unmöglich, eine exakte Diagnose zu stellen. Die Verläufe sind deutlich länger als bei Erwachsenen, die Symptomvielfalt ist größer, die Herausforderungen in der Kommunikation mit sehr kleinen oder geistig behinderten Kindern sind erheblich und die psychosoziale

Belastung der Eltern und Geschwister ist oft dramatisch.[11] Und doch kann eine gute Kinderpalliativmedizin die Lebensqualität der erkrankten Kinder und ihrer Familien in aller Regel so verbessern, dass Wünsche nach Lebensverkürzung die absolute Ausnahme bleiben.

In dem berührenden Dokumentarfilm *Ein Sommer für Wenke* des Münchner Regisseurs Max Kronawitter wird die Geschichte eines dreizehnjährigen Mädchens erzählt, das an einem unheilbaren Hirntumor leidet (den sie Hugo nennt, weil Hugo so ein doofer Name ist).[12] Mit großer Einfühlsamkeit zeigt der Film, wie Wenke trotz der Krankheit ihr Leben genießt, ihren vierzehnten Geburtstag feiert, die guten Momente mit ihrer Familie intensiv erlebt und ganz bewusst noch die Liebe kennenlernt, bevor sie stirbt.

Als die Krankheit fortschreitet und die Beschwerden zeitweise unerträglich werden, sagt Wenke zu ihrer Ärztin: «Jetzt soll aber endlich mein Engel kommen und mich holen.» Ist das ein Todeswunsch? Ganz sicher. Wenkes Ärztin streicht ihr über den Kopf und erklärt ihr, dass ihr Körper einfach noch nicht bereit sei für die Reise. Die Zeit sei noch nicht gekommen. Wenke fühlt sich verstanden und schläft ein. Sie stirbt einige Wochen später, sehr friedlich, und wird unter dem Ahornbaum beigesetzt, den sie sich selbst ausgesucht hat.

Die führenden Vertreter der Kinderpalliativmedizin in Deutschland, Professor Monika Führer aus München (Wenkes Ärztin) und Professor Boris Zernikow aus Datteln, haben in Interviews anlässlich der neuen belgischen Gesetzgebung betont, wie extrem selten Todeswünsche von Kindern und Jugendlichen sind und dass man sie ernst nehmen und respektieren kann, ohne dafür gleich zur Euthanasie greifen zu müssen.[13] Die Möglichkeiten der «passiven Sterbehilfe» bestehen natürlich auch bei Minderjährigen, wenn die Voraussetzungen dafür erfüllt sind, wie der folgende Fall zeigt:

Mara ist ein Wunschkind. Ihre Eltern haben lange auf sie gewartet. Als sie während der Ultraschalluntersuchung erfahren, dass Maras Lunge auf der linken Seite nicht ausgebildet ist, sind sie verzweifelt und wünschen sich sehnlichst, dass alles für ihr Kind getan wird. Mara wird in einem Zentrum geboren, das auf die Versorgung schwerkranker Neugeborener spezialisiert ist. Zunächst scheint alles gut zu gehen. Doch wenige Stunden nach der Geburt kommt die Atemnot, Mara muss beatmet werden. Die folgenden Monate leben Mara und ihre Eltern auf der Intensivstation. Mara ist äußerlich nichts anzusehen, aber ihr fehlt nicht nur die linke Lunge, auch die Bronchien der rechten Lunge sind nicht richtig angelegt. Mehrere Operationen bleiben erfolglos, ihre Bronchien entzünden sich, es bilden sich schmerzhafte Druckgeschwüre. Mara erhält Morphin und starke Beruhigungsmittel, denn sobald sie wacher wird, reicht die Beatmung nicht mehr aus. Sie leidet in den Krisen an so starker Atemnot, dass die Ärzte sie immer wieder in ein künstliches Koma versetzen müssen. Die Eltern sehen ihr Kind leiden.

Der einzige Ort, an dem Mara leben kann, ist die Intensivstation der Spezialklinik. Sie kann sich nicht entwickeln, sie kann nicht am Leben teilhaben, das wird den Eltern in vielen Gesprächen mit den Ärzten der Intensivstation und dem Palliativteam bewusst. Sie bitten die Ärzte darum, Mara von der Beatmungsmaschine zu nehmen. Gemeinsam mit dem Pflegeteam und der Seelsorgerin bereiten sich die Eltern auf den Abschied vor. Die Angst, Mara könnte ersticken, kann ihnen die Palliativärztin nehmen. Die Eltern wissen, dass das Morphin so dosiert wird, dass ihr Kind keine Atemnot erleiden wird. Mara stirbt wenige Minuten nachdem der Arzt den Beatmungsschlauch entfernt hat, friedlich auf dem Arm ihres Vaters.

Wie von beiden Vertretern der Kinderpalliativmedizin zu Recht vermerkt wird, haftet der deutschen Diskussion über Sterbehilfe bei Kindern (wie auch über Sterbehilfe im Allgemeinen) etwas Scheinheiliges an: Nicht selten sind es dieselben Politiker und Entscheidungsträger, die sich in der Öffentlichkeit vehement gegen die belgischen oder niederländischen Gesetze wenden und die Palliativmedizin als Lösung des Problems anführen, die sich gleichzeitig weigern, für eine ausreichende Finanzierung der Palliativ- und Hospizversorgung in Deutschland zu sorgen.

5
Neue Begriffe (und ihre Tücken)

Die von der Rechtswissenschaft entwickelte und von der Rechtsprechung seit den Achtzigerjahren übernommene Differenzierung des Begriffs der «Sterbehilfe» in die Kategorien «aktive», «passive» und «indirekte» Sterbehilfe ist zwar aus Sicht der Jura-Professoren und Bundesrichter nachvollziehbar, aber für die Allgemeinheit, insbesondere die betroffenen Ärzte und Patienten, einigermaßen verwirrend. Auch wenn die Thematik etwas trocken erscheinen mag: Es lohnt sich, die Begriffe, die bei der Diskussion über Entscheidungen am Lebensende benutzt werden, genauer anzuschauen. Denn die Worte, die wir verwenden, machen etwas mit uns.

Wir haben in den bisherigen Kapiteln gesehen, dass unter anderem die Unterscheidung zwischen «aktiver» und «passiver» Sterbehilfe viele Ärzte vor Verständnisprobleme stellt. Es ist nun einmal intuitiv schwer nachzuvollziehen, dass das Abschalten eines Beatmungsgerätes, das offensichtlich eine aktive Handlung erfordert, trotzdem als «passive Sterbehilfe» einzuordnen ist (weil es sich um die Unterlassung einer Behandlung handelt). Diese Rechtsunsicherheit führt bei den Ärzten regelmäßig zu unbegründeten Ängsten vor Strafverfolgung. Diese Ängste sind leider nicht selten Ursache von unnötigen lebensverlängernden Therapien bei Schwerstkranken, die deutlich mehr von einem «liebevollen Unterlassen» (s. Kap. 2) profitieren könnten.

Man kann den Ärzten aber schwerlich einen Vorwurf machen, wenn sie durch diese Terminologie verwirrt werden – denn der Richterschaft ergeht es nicht anders. Nach der schon erwähnten Untersuchung des Göttinger Medizinethikers Steffen Simon aus dem Jahr 2004 konnten bis zu 50 Prozent der befragten Vormundschaftsrichter (heutige Bezeichnung: Betreuungsrichter) verschiedene Aussagen zum Thema Therapieverzicht nicht korrekt einordnen (s. Tab. 5.1).[1]

Tabelle 5.1: Anteil der befragten Vormundschaftsrichter, welche die jeweils in der linken Spalte beschriebene Handlung in die angegebene Kategorie einordnen.

	aktive Sterbehilfe	passive Sterbehilfe	indirekte Sterbehilfe
Verzicht auf die Gabe von herz- und kreislaufstabilisierenden Medikamenten	3,4 %	48,4 %	40,4 %
Beendigung der Gabe von herz- und kreislaufstabilisierenden Medikamenten	17,4 %	48,3 %	27,3 %
Verzicht auf eine Chemotherapie	1,7 %	42,7 %	43,6 %
Beendigung einer Chemotherapie	13,9 %	42,9 %	31,7 %
Verzicht auf eine künstliche Beatmung	7,8 %	57,4 %	29,8 %
Beendigung einer künstlichen Beatmung	34,5 %	41,2 %	18,8 %
Verzicht auf Flüssigkeitszufuhr über eine Sonde	8,8 %	53,7 %	30,5 %
Beendigung der Flüssigkeitszufuhr über eine Sonde	34,0 %	42,5 %	17,1 %
Verzicht auf Nahrungszufuhr über eine Sonde	8,4 %	54,5 %	31,2 %
Beendigung der Nahrungszufuhr über eine Sonde	31,9 %	43,5 %	18,8 %

Bei allen Aussagen handelt es sich um Fälle von sogenannter «passiver Sterbehilfe» (den Wunsch des Patienten nach dem Unterlassen oder der Beendigung der Therapie natürlich vorausgesetzt). Besonders befremdlich erscheint die Tatsache, dass bis zu 34,5 Prozent der Richter Handlungen wie die Beendigung einer künstlichen Beatmung fälschlicherweise als strafbare aktive Sterbehilfe einstuften. Da braucht man sich dann nicht zu wundern, wenn Ärzte in solchen Situationen Angst vor strafrechtlichen Konsequenzen entwickeln.

Empfehlung für eine neue Begrifflichkeit

In Deutschland ist die Diskussion über die «korrekte» Begrifflichkeit am Lebensende leider massiv durch das grauenhafte «Euthanasie»-Programm der Nationalsozialisten belastet, in welchem über 100 000 psychisch kranke oder geistig behinderte Menschen ermordet wurden. Der Begriff «Sterbehilfe» wird oft als Synonym für «Euthanasie» verwendet und löst dementsprechend bei manchen Menschen stärkste negative Assoziationen aus.[2] Auf der anderen Seite könnte man – wenn man nur nach der Wortbedeutung geht – sämtliche Aktivitäten der Palliativ- und Hospizarbeit als «aktive Sterbehilfe» (im positiven Sinne von «Hilfe im Sterben») bezeichnen.

Der Begriff der «Sterbehilfe», der seit Jahren die gesamte Diskussion zum Thema der Entscheidungen am Lebensende prägt, ist somit im Grunde unbrauchbar. Er ist mehrdeutig, emotional und historisch vorbelastet, je nach Blickwinkel euphemistisch verharmlosend oder historisch abschreckend, im juristischen Bereich mehr verwirrend als erhellend – kurzum: Es ist an der Zeit, ihn abzuschaffen.

Aus diesen Gründen haben seit Anfang des Jahrhunderts

Experten aus den Bereichen des Medizinrechts und der Palliativmedizin immer wieder gefordert, die «Sterbehilfe»-Terminologie zu verlassen, und eine neue, nüchternere Begrifflichkeit vorgeschlagen. Eine Zusammenfassung dieser Vorschläge, wie sie unter anderem beim Deutschen Juristentag 2006 in Stuttgart vorgestellt wurden, zeigt Tabelle 5.2.

Tabelle 5.2: Alternativbegriffe zur Sterbehilfe.[3]

«aktive Sterbehilfe»	Tötung auf Verlangen (entsprechend § 216 StGB)
«passive Sterbehilfe»	Nicht-Einleitung oder Nicht-Fortführung lebenserhaltender Maßnahmen (Zulassen des Sterbens; BGH neu: Behandlungsabbruch)
«indirekte Sterbehilfe» *(inzwischen überholt)*	zulässige Leidenslinderung bei Gefahr der Lebensverkürzung

Diese Begriffe haben den Vorteil, dass sie unmissverständlich sind, weil sie den jeweiligen Tatbestand nüchtern und ohne emotionale Konnotationen beschreiben. Für die im Folgenden vorgestellte neue Terminologie, die der Bundesgerichtshof im Jahr 2010 in seiner Entscheidung zum «Fall Putz» eingeführt hat, gilt dies leider nur sehr beschränkt.

Entscheidung des Bundesgerichtshofs im «Fall Putz»

Erika K. war 71 Jahre alt, als sie 2002 einen schweren Schlaganfall erlitt. Die Gehirnschädigung war so massiv, dass Frau K. nicht mehr in der Lage war, mit ihrer Umwelt zu kommunizieren oder gezielt auf äußere Reize zu reagieren. Es bestand auch keine realistische Aussicht, dass sich ihr Zustand entscheidend bessern würde. Für den Fall einer solchen Situation, das hatte sie ihren Kindern mehrfach gesagt, wünschte sie sich keine lebensverlängernden Maßnahmen, sondern einen friedlichen Tod. Nur hatte Frau K. es leider versäumt, dies auch in einer Patientenverfügung niederzulegen. Sie bekam eine Magensonde zur künstlichen Ernährung und wurde in ein Pflegeheim aufgenommen. Nach einem Bruch musste ihr linker Arm amputiert werden. Vier Jahre nach ihrem Schlaganfall wandten sich ihr Sohn und ihre Tochter an den bekannten Medizinrechtsanwalt Wolfgang Putz mit der Bitte um Hilfe. Sie wollten dem Willen ihrer Mutter endlich Geltung verschaffen.

Nach langen Verhandlungen mit dem Pflegeheim schien es kurz vor Weihnachten 2007 so weit zu sein: Die Pflegekräfte würden sich auf die Körperpflege konzentrieren und die Angehörigen nach Einstellung der künstlichen Ernährung sich um die Mundbefeuchtung und die Schmerzpflaster kümmern. Am 20. Dezember sollte die letzte Portion Flüssignahrung verabreicht werden. Doch am 21. Dezember vollzog die Heimleitung aufgrund rechtlicher Bedenken eine Kehrtwende und ordnete die sofortige Wiederaufnahme der künstlichen Ernährung an. Rechtsanwalt Putz schlug der Tochter von Frau K. daraufhin telefonisch vor, die Magensonde der Patientin einfach durchzuschneiden, da die vom Heim geplante künstliche Ernährung eine rechtswidrige Zwangsbehandlung sei. Das tat die Tochter dann auch, woraufhin das Heim die Polizei einschaltete, die Tochter festgenommen wurde und Frau K. im Krankenhaus eine neue Magensonde gelegt bekam.

Frau K. starb zwei Wochen später an einem Herzinfarkt, ein Zusammenhang mit dem Durchschneiden des Schlauchs war nicht ersichtlich. Trotzdem wurden ihre Tochter und Rechtsanwalt Putz wegen Totschlags angeklagt. In erster Instanz wurde die Tochter freigesprochen, weil sie nur auf Anraten ihres Anwalts gehandelt habe; dieser hingegen wurde zu 9 Monaten Haft mit Bewährung wegen versuchten Totschlags verurteilt.[4]

Das wollte Rechtsanwalt Putz verständlicherweise nicht auf sich sitzen lassen. Unterstützt vom bekannten Strafrechtler Prof. Günter Widmaier ging er in Revision beim Bundesgerichtshof (BGH). Der BGH ließ sich die Gelegenheit nicht entgehen, ein Grundsatzurteil zum Thema «Sterbehilfe» zu erlassen. Er sprach Wolfgang Putz frei mit der Begründung, es sei zu unterscheiden zwischen «der auf eine Lebensbeendigung gerichteten Tötung» und Verhaltensweisen, «die dem krankheitsbedingten Sterbenlassen mit Einwilligung des Betroffenen seinen Lauf lassen».[5]

Bei seiner Entscheidung zum Fall Putz räumte der Bundesgerichtshof sozusagen *en passant* auch mit der alten Terminologie der «aktiven» und «passiven» Sterbehilfe auf und ersetzte sie durch den Oberbegriff des «Behandlungsabbruchs», indem er festlegte:

1. *Sterbehilfe durch Unterlassen, Begrenzen oder Beenden einer begonnenen medizinischen Behandlung (Behandlungsabbruch) ist gerechtfertigt, wenn dies dem tatsächlichen oder mutmaßlichen Patientenwillen entspricht (§ 1901a BGB) und dazu dient, einem ohne Behandlung zum Tode führenden Krankheitsprozess seinen Lauf zu lassen.*
2. *Ein Behandlungsabbruch kann sowohl durch Unterlassen als auch durch aktives Tun vorgenommen werden.*[6]

Damit ist erfreulicherweise in diesem Punkt Rechtsklarheit geschaffen worden. Allerdings ist der vom BGH gewählte Begriff des «Behandlungsabbruchs» für die klinische Praxis nicht sehr günstig, wie im folgenden Abschnitt erläutert wird.

Was Worte mit uns machen

Seit vielen Jahren versuche ich, den Medizinstudenten im Palliativkurs zu erklären, dass es nicht egal ist, welche Begriffe sie im Umgang mit den Patienten und ihren Familien verwenden. Nicht nur, weil ihre Worte eine Wirkung auf ihre Ansprechpartner haben (das versteht sich von selbst), sondern auch, weil sie genauso eine Wirkung auf uns selbst als Ärzte haben. Begriffe wie «Maximaltherapie» oder «Minimaltherapie», die auf deutschen Intensivstationen leider immer noch routinemäßig verwendet werden, sollten die Studierenden am besten aus ihrem Vokabular streichen. Es gibt nämlich in der modernen Medizin keine Maximal- oder Minimaltherapie mehr, sondern immer nur diejenige Therapie, die für jeden Patienten in seiner aktuellen klinischen Situation *optimal* ist. Was dabei immer wieder überprüft werden muss, ist das Therapieziel (s. Kap. 2). Denn eine der wenigen Sicherheiten, die wir als Ärzte in unserer Berufsausübung haben, ist, dass für jeden unserer Patienten (und für jeden von uns selbst) irgendwann der Punkt kommen wird, an dem das Therapieziel der Lebensverlängerung keinen Sinn mehr macht und eine *Therapieziel-Änderung* durchgeführt werden muss. Das Therapieziel wird dann ausschließlich palliativ, d. h., im Vordergrund stehen allein die Erhaltung und Verbesserung der Lebensqualität des Patienten und seiner Familie sowie die Ermöglichung eines friedlichen Todes.

Es ist leicht nachvollziehbar, was es für eine Wirkung auf die Angehörigen hat, wenn sie mitbekommen, wie die Ärzte darüber sprechen, dass man beim Patienten «von Maximal- auf Minimaltherapie» wechseln wird. Diese Botschaft ist genauso verheerend wie diejenige, die in den Begriffen Therapie-/Behandlungs*verzicht* bzw. (noch schlimmer) Therapie-/Behandlungs*abbruch* steckt. Das wirkt auf die Angehörigen (und auch auf die Kranken, die immer viel mehr mitbekommen, als wir meinen) wie ein «Fallenlassen», ein Aufgeben des Patienten, der seinem Schicksal überlassen wird. Diese Botschaft ist für die Betroffenen erschütternd – und sie ist sachlich grundfalsch. Man bricht in der Medizin die Behandlung nie einfach ab, man ändert sie nur entsprechend dem Therapieziel. Gelegentlich kann die palliativmedizinische Therapie sogar technischer und invasiver sein als die vorhergehende kurative Behandlung.[7] Das stellt keinen Widerspruch dar, denn die Palliativmedizin unterscheidet sich von der kurativen Medizin nur durch die Zielsetzung (Lebensqualität statt Lebensverlängerung), nicht aber durch die verwendeten Mittel.

Subtiler, aber nicht minder wichtig ist der Einfluss, den die erwähnten Begriffe auf uns Ärzte selbst haben. Es macht nun einmal einen Unterschied, wenn man als junger Assistent vom Oberarzt zu hören bekommt: «Bei Herrn X hören wir jetzt mit der Therapie auf» oder: «Bei Herrn X ist es an der Zeit, unser Therapieziel zu überprüfen und gegebenenfalls zu ändern, aber wir werden ihn und die Familie nie allein lassen.» Ein angehender Arzt, der Letzteres zu hören bekommt, wird dem Patienten und der Familie ganz anders gegenübertreten – und vermutlich ein besserer Arzt werden. Denn die Worte, die wir verwenden, machen etwas mit uns. Samuel Joubert schreibt: «Indem man Worte sucht, stellen sich Gedanken ein.» Und ein japanisches Sprichwort stellt fest: «Das Wort des Menschen ist sein Wesen.»

Internationale Begrifflichkeiten

Das Wort «Sterbehilfe» ist eine deutsche Besonderheit. Es findet sich dafür kaum ein passendes Äquivalent in der Wissenschaftssprache Englisch, aber auch nicht in anderen wichtigen europäischen Sprachen wie Französisch oder Italienisch. Im englischen Schrifttum entspricht dem am ehesten der Begriff des *assisted dying* (Assistenz im Sterben). Es wird aber auch oft von *hastened death* (beschleunigtes Sterben) sowie von *active euthanasia* oder *passive euthanasia* gesprochen. Letzteres ist wiederum für deutsche Ohren einigermaßen verwirrend, wird doch hierzulande das Wort «Euthanasie» synonym mit «aktiver Sterbehilfe» verwendet, wie sie in den Niederlanden und Belgien praktiziert wird.

In Italien und Frankreich prägt wiederum ein Begriff die Diskussion über das Lebensende, den es im Deutschen oder Englischen gar nicht gibt: das sogenannte *accanimento terapeutico* (französisch: *acharnement thérapeutique*). Dieser Ausdruck, dessen wörtliche Übersetzung im Deutschen in etwa «therapeutische Verbissenheit» lauten würde, ist in Artikel 16 des Berufskodex der italienischen Ärzteschaft wie folgt definiert: «Der Arzt ... muss davon Abstand nehmen, an diagnostischen oder therapeutischen Handlungen stur festzuhalten, von denen man sich begründeterweise keine Verbesserung des Gesundheitszustandes und/oder der Lebensqualität des Kranken erwarten kann.»[8]

Das *accanimento terapeutico* ist ein zugegebenermaßen etwas merkwürdiger Begriff, denn das Verbot eines «sturen Festhaltens» an Maßnahmen, die für den Patienten keine Vorteile bringen, sollte eigentlich schon von den allgemeinen Regeln der ärztlichen Kunst (Notwendigkeit der medizinischen Indikation) und der Medizinethik (Prinzip des Nicht-Schadens) abgedeckt sein. Und doch bestimmt dieser Begriff die Diskussion in zwei der vier größten europäischen Länder seit Jahren, wodurch die Debatte ganz andere Züge bekommt. Die Frage nach der Übertherapie steht in diesen Ländern viel mehr im Vordergrund als etwa in Deutschland oder England.[9] Ohne hier auf die Details näher eingehen zu wollen, zeigt dieses Beispiel eindrucksvoll, wie sehr die Diskussion über das Lebensende von den jeweils verwendeten Begriffen geprägt wird.

Bitte nicht mehr von «Selbstmord» reden

Zum Schluss dieses Kapitels über Begrifflichkeiten sei schließlich noch eine Lanze gebrochen für die Abschaffung des Begriffs «Selbstmord». Dieser Begriff stammt noch aus einer Zeit, in der die Selbsttötung als Todsünde galt und strafbar war. «Selbstmörder» durften kein kirchliches Begräbnis erhalten und nicht in geweihtem Boden bestattet werden. Dass es sich hierbei keineswegs um längst vergangene Zustände handelt, zeigt folgender Fall:

Piergiorgio Welby war ein italienischer Patient, der seit vielen Jahren an fortschreitendem Muskelschwund (Muskeldystrophie) litt. Er war zum Schluss vollständig gelähmt und wurde künstlich beatmet. Er konnte über Augenbewegungen kommunizieren und bat wiederholt die Ärzte, ihn von der Beatmung zu befreien und sterben zu lassen. Dieses Vorhaben wurde von der katholischen Kirche in Italien als «Euthanasie» eingestuft und vehement abgelehnt (in Deutschland wird hingegen das gesetzlich verbriefte Recht der Patienten auf Therapieverzicht von praktisch allen führenden Moraltheologen akzeptiert). Als schließlich ein

Arzt dem Wunsch des Patienten folgte und die Beatmung beendete (nicht ohne den Patienten richtigerweise vorher palliativ sediert zu haben, s. Kap. 3), verweigerte der damalige Vorsitzende der italienischen Bischofskonferenz, Kardinal Ruini, dem Verstorbenen das kirchliche Begräbnis. Seine Begründung: Zwar wird Suizidenten das katholische Begräbnis heute nicht mehr verwehrt, weil ihnen zugutegehalten wird, dass sie die Sünde des «Selbstmords» in einem Zustand geistiger Umnachtung begangen hätten. Diesen «mildernden Umstand» könne man Herrn Welby aber nicht zubilligen, weil er ja über Jahre hinweg darum gebeten habe, die Beatmungsmaschine abzustellen. Das Ganze spielte sich im Jahr 2006 ab.[10]

Die Begründung des Kardinals verkennt den fundamentalen Unterschied zwischen der Ablehnung einer lebensverlängernden Maßnahme, die die Krankheit dieses Menschen weit über den normalen natürlichen Verlauf hinaus verlängert hatte, und dem Suizid als aktiver Tötung eines in der Regel physisch gesunden Lebens. Würde man die Argumentation von Kardinal Ruini ernst nehmen, müsste die katholische Kirche alle ihre Mitglieder, die am Lebensende auf irgendeine noch theoretisch mögliche lebensverlängernde Therapie bewusst verzichten, posthum exkommunizieren (einschließlich des gerade heiliggesprochenen Papstes Johannes Paul II.).[11] Nach meiner persönlichen Meinung als Arzt und Christ war die Verweigerung des kirchlichen Begräbnisses für Piergiorgio Welby sowohl ein theologisches Armutszeugnis als auch eine seelsorgerliche Bankrotterklärung der italienischen katholischen Kirche. Diese Begebenheit führt uns eindrücklich vor Augen, weshalb es so wichtig ist, die Worte «Selbstmord» und «Selbstmörder» zu vermeiden.[12]

Der im Zusammenhang mit der Suizidthematik ebenfalls oft verwendete Begriff des «Freitods» gefällt mir aus einem anderen Grund nicht: Hier schwingt eine Heroisierung dieser Handlung mit, hinter der sich wiederum eine bestimmte weltanschauliche Position versteckt. Es ist indes meine feste Überzeugung, dass wir alles versuchen sollten, um den veralteten und diskriminierenden Begriff des «Selbstmords» aus unserem Wortschatz zu streichen und ihn durch die neutralen Begriffe «Selbsttötung» oder «Suizid» zu ersetzen. Denn die Worte, die wir verwenden, machen etwas mit uns.

6
Assistierter Suizid und freiwilliger Verzicht auf Nahrung und Flüssigkeit

Fallbeispiel

Monsieur F., 78 Jahre alt, empfing uns in seinem Zimmer im Altersheim mit einem strahlenden Lächeln: «Was kann ich für Sie tun, meine Herrschaften?» Das war ein unerwarteter Beginn für ein Gespräch, an dessen Ende die Entscheidung stehen sollte, Monsieur F. die Durchführung eines assistierten Suizids zu erlauben. Das Altersheim gehört zu einem großen Schweizer Universitätskrankenhaus, das innerhalb seiner Einrichtungen assistierte Suizide nur dann erlaubt, wenn der Zustand des Patienten es unmöglich macht, ihn dafür nach Hause zu verlegen – oder es gar kein Zuhause mehr gibt, wie im Falle des Altersheimbewohners Monsieur F. Dafür müssen mehrere Sorgfaltskriterien erfüllt sein, und zum Schluss besucht eine dreiköpfige Kommission den Patienten, um sich von der Freiverantwortlichkeit des Suizidwunsches zu überzeugen.

Als Mitglied dieser Kommission war ich zum ersten Mal bei einem solchen Gespräch dabei. Ich hatte erwartet, einen depressiven, von seiner Krankheit schwer gezeichneten alten Herrn zu treffen, und war dementsprechend überrascht. Monsieur F. empfing uns mit großer Freundlichkeit und Würde. Seine Bewegungsmöglichkeiten waren stark eingeschränkt, denn er litt an Multipler Sklerose im fortgeschrittenen Stadium. Diese Krankheit verläuft zu Beginn meist schubförmig, später kann sie in einen kontinuierlich fortschreitenden Verlauf übergehen, wie es bei Monsieur F. der Fall war. Er war bettlägerig, litt unter Lähmungen sowie einer schmerzhaften Muskelsteifigkeit am gesamten Körper (die mit Medikamenten nur teilweise zu lindern war) und hatte eine eigentümlich «zerhackte» Sprache aufgrund der Auswirkungen der Krankheit auf sein Kleinhirn.

Monsieur F. erzählte uns seine Geschichte geduldig, es war nicht das erste Mal. Die Krankheit war schon vor dreißig Jahren ausgebrochen, anfangs konnte er noch gut alleine zuhause leben. Seine Frau starb früh, sie hatten keine Kinder. Nach etwa zwanzig Jahren wurden die Behinderungen durch die Krankheit zu schwer, und er ließ sich in dem Altersheim aufnehmen, das in der Nähe seiner Wohnung lag. Diese musste er allerdings verkaufen, um die Heimkosten zu bezahlen. Im Heim ging es Monsieur F. gut, er war wegen seines fröhlichen Gemüts sehr geschätzt. Entsprechend schockiert war das Pflegeteam, als es von dem Suizidwunsch erfuhr. Monsieur F. zeigte im Gespräch viel Verständnis für die Pflegenden, die ihn immer wunderbar behandelt hätten. Es täte ihm leid, ihnen diese Belastung zumuten zu müssen. Aber es sei nun für ihn an der Zeit zu gehen. Die fast vollständige Bewegungsunfähigkeit und die in letzter Zeit zunehmende Inkontinenz setzten ihm so zu, dass er keinen anderen Ausweg sah. Zumal seine Lebenserwartung, nach Auskunft der Ärzte, dank seiner robusten Konstitution bei guter Pflege noch mehrere Jahre betrug.

Einen Wunsch hatte er noch: Als «Passagier» bei einem Gleitschirmflug dabei zu sein. Das wollte er gerne noch vor seinem Tod erleben, und man hatte ihm versichert, dass dies trotz seiner Krankheit möglich sei. Beim Gedanken an den Flug funkelten seine Augen. Auch ansonsten strahlte Monsieur F. zwar eine klare Entschlossenheit und auch Trauer über seinen bevorstehenden Abschied aus, aber von Depression war nichts zu spüren. Er konnte herzlich lachen, und seine gesamte Erscheinung war von großer Natürlichkeit geprägt. Für die Kommission bestanden keine Zweifel an der Freiwilligkeit seines Entschlusses.

Leider konnte der letzte Wunsch von Monsieur F. nicht erfüllt werden: Am Tag vor dem geplanten Gleitschirmflug brach eine Schlechtwetterfront ein, die jeden Gedanken an einen Flug für mindestens zwei Wochen verbot. In dieser Zeit war aber der Termin mit der Suizidhilfe-Organisation angesetzt worden. Monsieur F. wurde gefragt, ob er diesen verschieben wolle, aber er sagte nur lächelnd: «Schade. Na, dann eben nicht.» Nach seinem Tod trauerte das Pflegeteam sehr um ihn, doch sie waren sich alle einig: «Er ist seinen Weg gegangen.»

Definition und Rechtslage

Das Wichtigste vorab: In Deutschland ist die Suizidhilfe – anders als in Österreich, Italien oder England – nicht verboten. Sie ist deswegen nicht verboten, weil sie, im Unterschied zur Tötung auf Verlangen, überhaupt nicht gesetzlich geregelt ist. Daher ist sie auch nicht strafbar: Paragraph 1 des deutschen Strafgesetzbuches (StGB) trägt den unmissverständlichen Titel «Keine Strafe ohne Gesetz». Und im gesamten StGB wird man vergeblich nach den Worten «Suizid», «Selbsttötung» oder «Selbstmord» suchen. Sie kommen nirgends vor.

Dass der Suizid(versuch) nicht als Straftat bewertet wird, ist keine neue Erscheinung: Sowohl im römischen Recht wie auch in der Carolina, der detaillierten Gerichtsordnung Karls V. von 1532, war lediglich festgelegt, dass ein Bürger die (wegen einer anderen Straftat verhängte oder drohende) Beschlagnahmung seines Vermögens durch den Staat nicht durch Suizid verhindern dürfe. Der Suizid an sich war nicht strafbar, so wie er es auch heute nicht ist.[1]

Nun kann logischerweise die Beihilfe zu einer Tat, die selbst straffrei ist, keine Straftat darstellen – außer dies ist extra im Gesetz festgeschrieben, was im StGB nicht der Fall ist. Daher bleibt jemand, der einem anderen Menschen Suizidhilfe leistet, in Deutschland straffrei. Warum wird dann die Suizidhilfe in der Bundesrepublik bislang kaum praktiziert?

Der vielleicht wichtigste Grund liegt in der alten, mittlerweile von der Rechtswissenschaft als überholt eingestuften Rechtsprechung zur sogenannten «Garantenstellung». Diese besagt, dass bestimmten Personen eine besondere Verantwortung für das Leben eines Menschen zukommt. Insbesondere trifft dies für Ärzte und nahe Angehörige zu. Die Folgen sind paradox: Auch bei einem Suizid, den ein Arzt als freiverantwortlich erachtet, muss er lebensrettende Maßnahmen einleiten, sobald der Patient das Bewusstsein verliert. Andernfalls droht ihm eine Anklage wegen Totschlags durch Unterlassen (Mindeststrafmaß fünf Jahre). Das führt dazu, dass Ärzte und Angehörige den Suizidenten im Augenblick des Todes allein lassen müssen, wenn sie sich nicht strafbar machen wollen.

Inzwischen gibt es erste Anzeichen für ein Umdenken bei der Richterschaft: Die Staatsanwaltschaft München hat 2010 ein Strafverfahren gegen Angehörige einer Ärztin eingestellt, die ihre Verwandte bei ihrem freiverantwortlichen Suizid begleitet und nicht lebensrettend eingegriffen hatten. Die Begründung: Die Garantenpflicht der Angehörigen wird «durch den freiverantwortlich gefassten Selbsttötungswillen des Suizidenten eingeschränkt».[2] Entsprechend lehnte 2013 das Landgericht Deggendorf die Eröffnung eines Strafverfahrens gegen einen Arzt ab, der keine Wiederbelebungsmaßnahmen bei einem erkennbar freiverantwortlich handelnden Suizidenten unternommen hatte.[3]

Da es aber noch keine neue höchstrichterliche Rechtsprechung zu dieser Frage gibt, bleibt eine Rechtsunsicherheit bestehen, die einen der Gründe für die Notwendigkeit einer gesetzlichen Regelung darstellt, wie sie im folgenden Kapitel vorgeschlagen wird. Außerdem droht Ärzten, wie wir dort sehen werden, in manchen Bundesländern auch noch eine Bestrafung nach Standesrecht, wenn sie bei einem Patienten Suizidhilfe leisten.

Abgrenzung zur Tötung auf Verlangen

Der entscheidende Unterschied zwischen Selbsttötung und Tötung auf Verlangen liegt in dem, was die Juristen die *Tatherrschaft* nennen. Diese setzt voraus, dass der Suizident bis zum Schluss die Kontrolle über das Geschehen hat. Dementsprechend kann er jederzeit seine Meinung ändern und die Tat auch *nicht* bis zu Ende ausführen. Das bedeutet in der Praxis, dass Suizidhelfer zwar beispielsweise die tödliche Substanz in einem Glas Wasser lösen und dieses dem Kranken reichen dürfen, aber trinken muss er selbst – gegebenenfalls mit Hilfe eines Strohhalms, wie in der Schlussszene des sehenswerten Films *Das Meer in mir* mit Javier Bardem:

In dem Film von Regisseur Alejandro Amenábar wird die wahre Geschichte von Ramón Sampedro erzählt. Der junge spanische Seemann erlitt 1969 nach einem Sprung ins flache Wasser einen Bruch der Halswirbelsäule und war vom Hals ab gelähmt.

Sampedro war einer der ersten Spanier, die öffentlich für die Freigabe des assistierten Suizids (einer Straftat nach spanischem Recht) eintraten. Seine Klage vor Gericht scheiterte im Jahr 1993. Drei Jahre später veröffentlichte er ein bewegendes Buch mit Gedichten, Essays und Reflexionen über Leben und Tod, die er mit dem Mund geschrieben hatte. Der Titel: *Cartas desde el infierno* (Briefe aus der Hölle).[4] 1998 konnte er schließlich mit Hilfe einer Freundin, die ihm eine Zyankali-Lösung vorbereitete, seinen Wunsch erfüllen. Sampedro trank die Lösung durch einen Strohhalm. Sein Todeskampf, der auf Video aufgenommen wurde, dauerte 20 Minuten. Die Freundin wurde festgenommen und angeklagt; weil sich aber mehrere Freunde Sampedros gleichzeitig der Tat bezichtigten, wurde sie schließlich mangels Beweisen freigesprochen.

Der Film mit dem spanischen Titel *Mar Adentro* erschien 2004, gewann mehrere Preise (darunter den Oscar für den besten fremdsprachigen Film) und löste eine heftige Diskussion über das Lebensende im katholischen Spanien aus. Es wurde sogar eine eigene Senatskommission zum Thema Sterbehilfe gebildet; das spanische Gesetz ist aber bis heute unverändert.

Ein Suizid ist auch möglich, wenn bei Unfähigkeit zu trinken die tödliche Substanz z. B. als Infusion über die Vene verabreicht wird. In diesem Fall wird die Tatherrschaft dadurch sichergestellt, dass es der Suizident selbst sein muss, der durch Drehen an einer kleinen Rolle die Infusion in Gang setzt. Bei der Tötung auf Verlangen ist es hingegen der Arzt, der die todbringende Spritze auf Wunsch des Patienten verabreicht.

Von außen gesehen mag es als kein großer Unterschied erscheinen, ob nun eine Infusion gelegt wird, die der Suizident nur noch starten muss, oder ob der Arzt gleich selbst die tödliche Substanz spritzt. Und doch sagen uns die empirischen Daten (s. im Folgenden und Kap. 7), dass die Abgrenzung zwischen Tötung auf Verlangen und assistiertem Suizid von großer, vielleicht sogar entscheidender Bedeutung ist.

Bisherige Erfahrungen: Schweiz und Oregon

Die zwei wichtigsten Staaten, in denen die Suizidhilfe zwar ausdrücklich toleriert bzw. erlaubt wird, die Tötung auf Verlangen aber weiterhin strafbar ist, sind die Schweiz und der US-Bundesstaat Oregon.

In der *Schweiz* ist die Tötung auf Verlangen, wie in Deutschland, ausnahmslos strafbar (Artikel 114 des Schweizer StGB). Zum assistierten Suizid besagt § 115 des Schweizer StGB: «Wer *aus selbstsüchtigen Beweggründen* jemanden zum Selbstmorde verleitet oder ihm dazu Hilfe leistet, wird, wenn der Selbstmord ausgeführt oder versucht wurde, mit Freiheitsstrafe bis zu fünf Jahren oder Geldstrafe bestraft.»[5] Damit ist die rechtliche Situation in der Schweiz formal eindeutiger und zugleich strenger als in Deutschland, wo jede Regelung fehlt.

Aus dem erwähnten § 115 wird in der Schweiz abgeleitet, dass Suizidhilfe, die *nicht* aus selbstsüchtigen Beweggründen (zu denen auch Gewinnstreben zählt) durchgeführt wird, auch nicht strafbar ist. Dies ist die einzige gesetzliche Grundlage der Aktivitäten der Schweizer Suizidhilfe-Organisationen wie «Exit» oder «Dignitas».[6] Mehrere Versuche, eine weiter gehende gesetzliche Regelung bzw. Einschränkung der Suizidhilfe in der Schweiz per Volksabstimmung durchzusetzen, scheiterten in den letzten Jahren deutlich, zuletzt 2011 im Kanton Zürich mit über 85 Prozent Gegenstimmen. Dies weist, zusammen mit den hohen Mitgliederzahlen der genannten Organisationen, auf einen breiten gesellschaftlichen Konsens in dieser Frage hin.

Das ist psychologisch auch verständlich: Angesichts weit verbreiteter Ängste vor einem qualvollen Verlauf und einem Kontrollverlust in der letzten Lebensphase bieten die Suizidhilfe-Organisationen ihren Mitgliedern für einen vergleichsweise geringen Jahresbeitrag die Sicherheit eines «letzten Auswegs», sollte sich die Situation irgendwann als unerträglich herausstellen. Diese Befürchtungen scheinen sich in den meisten Fällen nicht zu bewahrheiten, denn nur ein Bruchteil der Mitglieder dieser Organisationen nimmt die Möglichkeit der Suizidhilfe tatsächlich in Anspruch. Es handelt sich also im Grunde um eine Art «Sterbeversicherung», die allerdings für viele Menschen eine Verminderung ihrer Ängste in Bezug auf das Lebensende zur Folge hat.

Auf nationaler Ebene hat der Schweizer Bundesrat zuletzt im Juni 2011 entschieden, auf eine ausdrückliche Regelung der organisierten Suizidhilfe zu verzichten. Die Landesregierung und die Kantone haben gleichzeitig die Absicht geäußert, die Suizidprävention und die Palliativmedizin weiter zu fördern, um die Anzahl der Suizide zu verringern. Das gesamte Maßnahmenpaket soll zur Stärkung des Selbstbestimmungsrechts beitragen.

Die einzige kantonale gesetzliche Regelung zur Suizidhilfe wurde zum 1. 1. 2013 im Kanton Waadt per Volksabstimmung in Kraft gesetzt. Sie regelt die Durchführung der Suizidhilfe in Krankenhäusern und Pflegeheimen und legt eine Reihe von Voraussetzungen fest, die für eine Suizidhilfe in diesen Institutionen erfüllt sein müssen. Unter anderem ist der behandelnde Arzt zu informieren, die Urteilsfähigkeit des Patienten zu prüfen und darauf zu achten, dass Alternativen, insbesondere die Palliativmedizin, angeboten wurden. Die ersten Erfahrungen mit dem neuen Waadtländer Gesetz sind durchaus positiv, so dass andere Kantone inzwischen überlegen, ähnliche Gesetze einzuführen.

In den letzten Jahren hat sich in der Schweiz die Debatte darüber intensiviert, ob außer körperlich schwerstkranken Menschen auch Menschen mit psychischen Erkrankungen und hochbetagte Menschen im Allgemeinen Zugang zu assistiertem Suizid erhalten sollten. Mehrere solcher Fälle sind bekannt geworden. Im Mai 2014 hat die Generalversammlung von Exit beschlossen, die generelle Freigabe des assistierten Suizids für Hochbetagte einzufordern, und damit eine gesellschaftliche Debatte über den «Altersfreitod» ausgelöst.[7]

In dem US-Bundesstaat *Oregon* wurde die Suizidhilfe 1997 nach zwei Volksabstimmungen gesetzlich erlaubt, allerdings nur Ärzten und unter folgenden strengen Bedingungen:

- unheilbare, lebensbegrenzende Erkrankung und anhaltendes, nicht zu linderndes Leiden;
- Volljährigkeit und gutachterliche Prüfung der Freiverantwortlichkeit durch zwei unabhängige Ärzte und/oder Psychologen;
- Beratung über alternative Möglichkeiten und Vermittlung palliativmedizinischer Behandlung;
- anhaltender, dokumentierter und bezeugter Wunsch nach Suizidhilfe;
- Sorgfaltskriterien für die Verordnung und Einnahme des Medikaments;
- transparente Dokumentation und Meldung;
- Verbot der öffentlichen Werbung für Suizidhilfe.

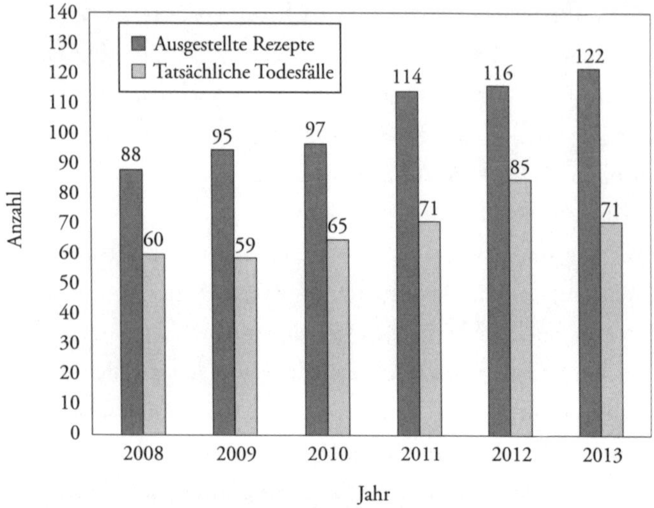

Abbildung 6.1: Ausgestellte Rezepte und tatsächliche Todesfälle durch assistierten Suizid in Oregon 2008–2013 (Stand: 22. Januar 2014).

Die offizielle Statistik über die erfolgten Fälle von Suizidhilfe wird jährlich im Internet veröffentlicht.[8] Die anfänglichen Ängste vor der Entstehung eines sozialen Drucks haben sich nicht bewahrheitet. Die Palliativversorgung hat sich in Oregon seit Einführung des «Death with Dignity Act» stetig verbessert. Aufgrund der Aufklärungspflicht über palliativmedizinische Möglichkeiten sind inzwischen fast 90 Prozent der Menschen, die in Oregon die Suizidhilfe in Anspruch nehmen, zuvor in palliativmedizinischer Behandlung.[9]

Besonders bemerkenswert erscheint die Tatsache, dass von den ca. 120 Menschen, die pro Jahr in Oregon das strenge Verfahren durchlaufen, an dessen Ende die Verschreibung einer tödlichen Dosis eines Betäubungsmittels durch den Arzt steht, *etwa ein Drittel die Substanz letztlich nicht einnimmt* und eines natürlichen Todes stirbt (Abb. 6.1). Es ist davon auszugehen, dass ein Teil dieser Menschen ohne die Möglichkeit der ärztlichen Suizidhilfe den Weg eines gewaltsamen Suizids gewählt hätte. Für dieses Drittel der Patienten ist die Verfügbarkeit der tödlichen Substanz offensichtlich ausreichend, um ihren Lebensweg bis zu seinem natürlichen Ende zu gehen. Insofern erscheint die Vermutung gerechtfertigt, dass das Vorhandensein einer klaren Regelung zur Suizidhilfe auch einen nicht zu unterschätzenden *suizidverhindernden Effekt* entfalten könnte.

Praktische Bedeutung

Der Artikel in der ZEIT vom 8.12.2005 beginnt mit dem Satz: «Urban ist 46, ihn erwartet ein qualvoller Tod.»[10] Der Journalist Bartholomäus Grill beschreibt darin den letzten Lebensweg seines eigenen Bruders.

Urban Grill erkrankt im Jahr 2004 an Mundbodenkrebs. Die erste Operation scheint erfolgreich zu verlaufen, doch bald kehrt der Krebs wieder zurück. Die Beschwerden nehmen zu, der Luftröhrenschnitt wird immer wieder durch Schleim verstopft, das Essen wird zur Qual, Albträume stellen sich ein. Urban Grill wendet sich an Dignitas in Zürich, sein Gesuch wird geprüft und er erhält einen Termin zur Suizidhilfe: den 26. November 2004. Der Artikel schildert die letzte Reise Urbans von Oberbayern in die Schweiz, immer verbunden mit der Frage: Warum ist dies nicht auch in Deutschland möglich? Sein Bruder und seine Schwester begleiten ihn. Im nüchternen Sterbezimmer von Dignitas nimmt Urban Grill seine ganze Restenergie zusammen, um die Pentobarbital-Lösung auszutrinken. Er stirbt in den Armen seiner Schwester.

Denken wir noch einmal an den ersten Satz des ZEIT-Artikels zurück. In der Tat gibt es Patienten, die qualvoll sterben, auch bei bester palliativmedizinischer Betreuung. Aber es sind sehr wenige. Hätte die heute vielerorts bestehende Möglichkeit der Spezialisierten Ambulanten Palliativversorgung (SAPV)[11] Urban Grill dazu verhelfen können, mit einer akzeptablen Lebensqualität zuhause zu bleiben und dort zu sterben, wie er es sich gewünscht hätte? Das werden wir nie erfahren.

Wie das Fallbeispiel zeigt, erhält der assistierte Suizid seine praktische Bedeutung in Deutschland derzeit vor allem dadurch, dass den meisten Menschen bekannt ist, dass man «zur Not» in die Schweiz reisen kann, um Hilfe beim Suizid zu bekommen. Die Schweizer Organisation Dignitas, die bisher als Einzige in der Schweiz auch Ausländern Suizidhilfe (gegen Entgelt) gewährt, führte zwischen 2002 und 2012 nach eigenen Angaben insgesamt 713 Suizidbegleitungen bei deutschen Staatsangehörigen aus, im Durchschnitt 65 pro Jahr. Im Jahr 2012 waren es 84 Menschen. Dieses in der Presse als «Sterbetourismus» bezeichnete Phänomen hat in den letzten Jahren die Sterbehilfe-Diskussion in Deutschland weiter befeuert.

Wie häufig in Deutschland Suizidhilfe tatsächlich praktiziert wird, ist nicht bekannt. Die Organisation «SterbeHilfe Deutschland e. V.» berichtete für das Jahr 2011 von 27 Suizidbegleitungen. Darüber hinaus gibt es Einzelpersonen, die sich öffentlich dazu bekannt haben, regelmäßig Assistenz beim Suizid zu leisten. Einem Fernsehbericht zufolge soll es im Jahr 2013 zu mindestens 155 Fällen von Suizidhilfe in Deutschland gekommen sein (bei insgesamt ca. 870 000 Todesfällen pro Jahr).[12] Im vertraulichen Kontakt geben auch einzelne Ärzte zu, Suizidhilfe geleistet zu haben.

Frau M. war in ihrem Altersheim sehr beliebt. Das ist noch untertrieben: Sie war fast eine kleine Königin. Klein, weil sie mit ihren 94 Jahren auf inzwischen nur noch ca. 150 cm Körpergröße kam; und Königin, weil sie mit ihrer natürlichen Ausstrahlung von allen Heimbewohnern und Pflegenden respektiert und von nicht wenigen bewundert wurde. Sie hatte in ihrem Leben viele Schicksalsschläge hinnehmen müssen. Der frühe Tod eines ihrer Kinder durch einen Verkehrsunfall gehörte dazu, ebenso der Krebstod ihres Ehemannes zwölf Jahre zuvor. Sie hatte beide Weltkriege überlebt, und es sah so aus, als ob sie wirklich nichts mehr erschüttern könnte.

Frau M. hatte für alle im Heim ein freundliches Wort übrig. Von Altersdemenz war bei ihr nichts zu spüren, sie war geistig hellwach und hatte einen feinen Humor. Besonders gut verstand sie sich mit ihrer um zehn Jahre jüngeren Zimmernachbarin, die allerdings zunehmend unter einer fortschreitenden Demenz litt. Frau M. kümmerte sich rührend um ihre Nachbarin und beschwerte sich nie, wenn diese in der Nacht schrie oder tagsüber das Essen im Zimmer herumwarf. Und sie war es, die dafür sorgte, dass die Patientenverfügung der Nachbarin, von deren Existenz außer ihr wohl niemand im Heim Notiz genommen hatte, zum Schluss respektiert wurde und diese an einer Lungenentzündung friedlich sterben konnte, ohne notfallmäßig ins Krankenhaus eingewiesen zu werden.

Nach dem Tod der Nachbarin wurde Frau M. für einige Tage sehr still und nachdenklich. Nachfragen nach ihrem Wohlbefinden lächelte sie weg. Den Pflegenden fiel aber auf, dass Frau M. kaum Nahrung zu sich nahm. Darauf angesprochen, sagte sie nur: «Es ist jetzt Zeit für mich zu gehen.» Sie stellte daraufhin das Essen und Trinken vollständig ein, allen Bitten der Pflegenden zum Trotz. Ihren beiden noch lebenden Kindern erklärte sie ihren Entschluss und bat um ihr Verständnis. Die Kinder waren schockiert, respektierten aber die Entscheidung ihrer Mutter, auf keinen Fall künstlich ernährt werden zu wollen. Frau M. wurde immer stiller, sie schien aber nicht besonders zu leiden. Zwei Wochen später starb sie friedlich im Schlaf.

Eine wenig bekannte Sonderform des Suizids stellt der sogenannte «Freiwillige Verzicht auf Nahrung und Flüssigkeit» (FVNF) dar.[13] Dieser findet vor allem bei Hochbetagten statt, die sich ab einem bestimmten Zeitpunkt dazu entscheiden, durch bewusstes Einstellen der Nahrungs- und Flüssigkeitsaufnahme zu sterben. In vielen Fällen handelt es sich um Menschen, die nicht schwerkrank sind, sondern wie Frau M. nüchtern beschließen, dass es jetzt Zeit ist zu gehen.[14] Davon abzugrenzen ist die schrittweise Verminderung der Nahrungsaufnahme, wie sie typischerweise bei Patienten mit fortgeschrittener Demenz in der letzten Lebensphase zu beobachten ist. Ebenfalls davon zu unterscheiden ist die Situation in der Sterbephase (den letzten Tagen und Stunden) Schwerstkranker, in der Hunger so gut wie nie vorhanden ist und Durst in der Regel nur bei unzureichender Mundpflege entsteht.[15]

Einer sozialmedizinischen Studie zufolge sterben in Holland etwa 2 Prozent der Menschen durch FVNF.[16] Statistiken für Deutschland gibt es nicht, es ist aber von einer hohen Dunkelziffer auszugehen, da die meisten Todesfälle infolge FVNF als «natürliche Todesursache» eingestuft werden. Eine amerikanische Studie bei 307 Hospizpflegekräften ergab, dass ein Drittel der Befragten es mindestens einmal erlebt hatte, wie ein Patient, der nicht sterbend war, seinen Tod durch

FVNF herbeiführte.[17] (Als ich dieselbe Frage anlässlich eines Vortrags bei einem deutschen Pflegekongress mit über 500 Teilnehmerinnen stellte, hob mehr als die Hälfte die Hand). Bei der Studie wurden die Pflegekräfte gebeten, den Sterbeverlauf dieser Patienten auf einer Skala von 0 (sehr qualvoll) bis 9 (sehr friedlich) einzuschätzen. 92 Prozent gaben einen Wert zwischen 5 und 9 an, über die Hälfte einen Wert von 8 oder 9. Diese Zahlen deuten auf einen in der Regel friedlichen Tod durch FVNF hin. Der Sterbeprozess dauert allerdings zehn bis vierzehn Tage und kann zeitweise für die Patienten und insbesondere für die Angehörigen belastend sein. Vor allem aber erfordert der FVNF eine kontinuierliche, qualifizierte palliativmedizinische und -pflegerische Begleitung, wie die Journalistin Charlotte Frank eindrucksvoll in ihrem Artikel «Letzter Wille» schildert, der den vom Palliativmediziner Michael de Ridder begleiteten Lebensabschied des Berliner Philosophen Claus Koch beschreibt.[18]

Ausführlich mit diesem Thema beschäftigt haben sich der niederländische Psychiater Boudewijn Chabot und der deutsche Neurobiologe Christian Walther. Ihr Buch «Ausweg am Lebensende», 2012 in 3. Auflage erschienen, fasst das aktuelle Wissen über FVNF zusammen.[19] Wie die Autoren zutreffend feststellen, ist FVNF kein ganz leidensfreier Weg und sicher nicht der Königsweg zur Lösung der Frage des selbstbestimmten Sterbens. Ein starker Wille und eine gute Palliativbegleitung – auch der Angehörigen – vorausgesetzt, kann er aber offensichtlich für hochbetagte Menschen in bestimmten Lebenssituationen ein gangbarer Weg sein. Und er bietet, im Gegensatz zu praktisch allen anderen Suizidformen, die Option, im Verlauf die eigene Entscheidung gegebenenfalls zu überdenken.

7
Brauchen wir den ärztlich assistierten Suizid? Ein Vorschlag für eine gesetzliche Regelung eines marginalen Phänomens

Ausgehend von den bisherigen Betrachtungen wird es in diesem Kapitel darum gehen, die Notwendigkeit einer gesetzlichen Regelung des assistierten Suizids in Deutschland zu begründen. Dem Kapitel zugrunde gelegt wird der von vier Wissenschaftlern (einschließlich dem Verfasser) aus den Fachgebieten Medizinrecht, Medizinethik und Palliativmedizin hierzu erarbeitete Gesetzesvorschlag.[1]

Die wichtigste Begründung: Den Blick frei machen

Auch wenn es manche überraschen wird: Aus meiner persönlichen Sicht liegt die wichtigste Begründung für diesen Gesetzesvorschlag darin, dass ein solches Gesetz zwar notwendig, aber letztlich von begrenzter Bedeutung ist, und hauptsächlich deswegen gebraucht wird, um den Blick auf wichtigere Probleme am Lebensende frei zu machen. Das klingt zugegebenermaßen etwas verwirrend. Zur Erklärung:

Die sogenannte «Sterbehilfe-Debatte» in Deutschland konzentriert sich unverständlicherweise fast ausschließlich auf die Frage, ob denn die sogenannte «Sterbehilfe» erlaubt werden oder verboten bleiben soll. Wie wir in den letzten Kapiteln gesehen haben, ist schon die Frage an sich falsch gestellt, denn unter dem untauglichen Begriff der «Sterbehilfe» verstecken sich unterschiedliche Sachverhalte, die in Deutschland teils verboten («aktive Sterbehilfe»), teils erlaubt («passive» und «indirekte» Sterbehilfe), teils gar nicht geregelt sind (assistierter Suizid) und unterschiedlich bewertet werden. Auch wenn man diesen Begriffswirrwarr entflochten hat, bleibt unverständlich, warum man die seit Jahrtausenden andauernde, facettenreiche philosophische Diskussion über Autonomie am Lebensende derzeit ausschließlich auf die *Selbstbestimmung des Todeszeitpunktes* reduziert. Wie wir in den folgenden Kapiteln sehen werden, gäbe es für die meisten Menschen weitaus wichtigere und praktisch bedeutsamere Aspekte zu beleuchten.

Tatsache ist aber nun einmal, dass die deutsche Diskussion aus historischen, psychologischen, medialen und nicht zuletzt ökonomischen Gründen (s. Kap. 11) sich tunnelblickartig auf die Frage konzentriert, ob Menschen, die ihr Leben im Fall einer schweren Erkrankung verkürzen möchten, dafür Hilfe in Anspruch nehmen dürfen, und wenn ja, welche. Diese Diskussion hat inzwischen Ausmaße angenommen, die insofern bedenklich erscheinen, als sie der tatsächlichen Größenordnung des Problems (in der Schweiz wie erwähnt trotz der frei zugänglichen Suizidhilfe nur 0,7 Prozent der Todesfälle) überhaupt nicht entsprechen. In unserer täglichen Arbeit in der Palliativmedizin an einem großen Schweizer Universitätsklinikum spielt der assistierte Suizid nur eine marginale Rolle. Etwa ein- bis zweimal pro Jahr kommt es vor, dass Patienten, die von uns betreut werden, sich zu diesem Schritt entschließen und bei sich zuhause Suizidhilfe durch eine der in der Schweiz tätigen Organisationen in Anspruch nehmen – in aller Regel verbunden mit dem Ausdruck großer Dankbarkeit für die zum Teil über Jahre stattgefundene Palliativbegleitung.

Gemessen an den fast 1000 Patienten, die wir pro Jahr im Krankenhaus und zuhause betreuen, ist dies eine sehr kleine Zahl.

In Deutschland droht die inzwischen – im Vergleich zur Größenordnung des Phänomens – inflationär anmutende «Sterbehilfe»-Debatte den Blick auf die konkret bestehenden und deutlich relevanteren Gefahren für eine echte Selbstbestimmung am Lebensende zu verstellen. Um diesen unerfreulichen Zustand zu beenden, erscheint es sinnvoll, einen vernünftigen Vorschlag zur Lösung dieses statistisch marginalen Aspektes der Sterbebegleitung zu unterbreiten, um sich anschließend den wirklich wichtigen Fragen zuwenden zu können.

Was spricht für eine gesetzliche Regelung?

Nachfolgend einige der wichtigsten Argumente für eine gesetzliche Regelung des assistierten Suizids in Deutschland:

- Das vollständige Fehlen einer gesetzlichen Regelung führt zu einer verbreiteten Unsicherheit darüber, was erlaubt und was verboten ist, auch und gerade bei Ärzten.
- Viele Patienten wagen es nicht, mit ihren Ärzten über ihre Suizidwünsche zu sprechen – aus Angst, abgewiesen oder im schlimmsten Fall sogar in die Psychiatrie eingewiesen zu werden. Damit gehen wertvolle Möglichkeiten zur Hilfe in einer Notlage verloren.
- Veröffentlichte Einzelfälle von Suizidhilfe lassen erhebliche Zweifel an der Freiverantwortlichkeit mancher Patienten aufkommen, insbesondere wenn es um psychisch Kranke und Menschen ohne lebensverkürzende körperliche Krankheiten geht.

- Da sich derzeit neben Ärzten auch medizinisch nicht geschulte Laien als Suizidhelfer betätigen, besteht die Gefahr, dass die Aufklärung über Krankheitsverlauf, Prognose und alternative – insbesondere palliativmedizinische – Behandlungsmöglichkeiten fehlt oder unzureichend ist.[2]
- Es gibt Anhaltspunkte dafür, dass manche Suizidhelfer die Kranken bedrängen und unangemessene finanzielle Forderungen stellen. Die ungeregelte, intransparente Situation trägt dazu bei, dass Menschen mit Suizidwünschen ausgenutzt werden können.
- Das Fehlen einer Möglichkeit zur Suizidassistenz führt dazu, dass manche Patienten gewaltsame Suizidformen wählen, welche die Familien und unbeteiligte Dritte erheblich belasten und sogar gefährden können.
- Weil verlässliche Zahlen über die Häufigkeit von Suizidhilfe in Deutschland fehlen, kann sich die Gesellschaft keine fundierte Rechenschaft über diese Praxis und ihre Entwicklung geben.

Was sagen die Zahlen?

Wenn man die mit etwas Mühe zusammengetragenen Zahlen aus denjenigen Staaten anschaut, welche die Tötung auf Verlangen und/oder den assistierten Suizid erlauben, ergibt sich ein sehr interessantes Bild (Abb. 7.1).

Die Analyse dieser Daten lässt wichtige Rückschlüsse zu. In Ländern, die beide Praktiken erlauben, wird die Tötung auf Verlangen ungleich häufiger durchgeführt: In den Niederlanden starben im Jahr 2012 28 von 1000 Menschen durch Tötung auf Verlangen, aber nur einer von 1000 durch Suizidhilfe. In Belgien liegt der Anteil von Todesfällen durch

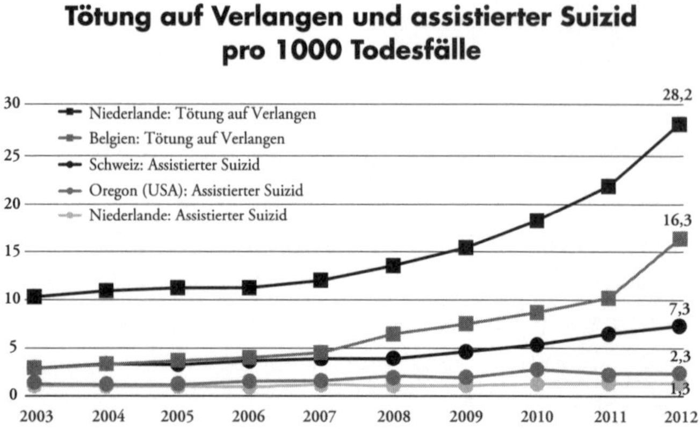

Abbildung 7.1: Jährliche Inzidenz von Tötung auf Verlangen und assistiertem Suizid in ausgewählten Staaten.[3]

Suizidhilfe nach den vorhandenen Schätzungen noch niedriger. Obwohl die Häufigkeit der Tötung auf Verlangen in den Niederlanden und Belgien in den letzten Jahren deutlich gestiegen ist, bleibt der assistierte Suizid in diesen Ländern eine Seltenheit.

Das klare Überwiegen der Tötung auf Verlangen im Vergleich zur Suizidhilfe dort, wo beide Handlungen erlaubt sind, deutet an, dass Patienten es vorziehen, wenn Ärzte ihre Tötung vornehmen. Dass die Häufigkeit lebensverkürzender Maßnahmen in Belgien und den Niederlanden viel höher ist im Vergleich zu Regionen, in denen nur die Suizidhilfe erlaubt ist, weist zudem darauf hin, dass die Verfügbarkeit von ärztlich durchgeführter Tötung auf Verlangen die psychologische Hemmschwelle für die Bitte um Lebensverkürzung ganz erheblich senkt (eine empirische Bestätigung des rechtsphilosophischen Arguments von Prof. Schroth in Kap. 4). Auch vor diesem Hintergrund erscheint die Strafbarkeit der Tötung auf Verlangen als weiterhin gerechtfertigt und geboten.

Die Schweiz, welche nur die Suizidhilfe toleriert, sie aber nicht gesetzlich geregelt hat, zeigt ebenfalls eine ansteigende Tendenz, wenn auch auf deutlich geringerem Niveau als Belgien und die Niederlande. Eine Erklärung hierfür könnte das Fehlen prozeduraler Regelungen und Sorgfaltsbedingungen sein, zumal in den letzten Jahren eine zunehmende Anzahl von Menschen ohne körperliche Erkrankung Suizidhilfe in der Schweiz in Anspruch genommen hat. In Oregon, wo ärztliche Suizidhilfe nur für Schwerstkranke unter streng geregelten Bedingungen möglich ist, zeigt sich hingegen über die Jahre nur ein geringfügiger Anstieg der Fälle von Suizidhilfe mit einer Häufigkeit von weniger als einem Zehntel im Vergleich zur Tötung auf Verlangen in den Niederlanden.

Diese empirischen Daten legen somit in ihrer Gesamtschau die Vermutung nahe, dass eine gesetzliche Regelung, die *den assistierten Suizid nur für Schwerstkranke erlaubt, hierfür klare Bedingungen und Regeln vorsieht und die Tötung auf Verlangen ausnahmslos verbietet*, die Inanspruchnahme lebensverkürzender Maßnahmen und ihre Zunahme über die Zeit eher begrenzen als steigern dürfte.

Ziele des Gesetzesvorschlags

Vor dem Hintergrund der geschilderten Überlegungen und empirischen Daten verfolgt unser Gesetzesvorschlag folgende Ziele:

- Respekt vor der Selbstbestimmung des Patienten;
- Fürsorge durch ärztliche Beratungspflicht;
- Schutz vor sozialem Druck auf Betroffene;
- Suizidprävention;

– Vermeidung einer Freigabe der Tötung auf Verlangen;
– Transparenz und Rechtssicherheit für alle Beteiligten.

Zusammenfassung des Gesetzesvorschlags

Der Vorschlag umfasst im Wesentlichen folgende Punkte:

- Die Suizidhilfe wird generell unter Strafe gestellt, mit zwei Ausnahmen:
  1. Angehörige und andere nahestehende Personen, sofern sie einem freiverantwortlich handelnden Volljährigen Beihilfe leisten;
  2. Ärzte
- Für Ärzte gilt diese Ausnahme nur unter folgenden Bedingungen:
  1. Der Arzt ist aufgrund eines persönlichen Gesprächs mit dem Patienten zu der Überzeugung gelangt, dass der Patient freiwillig und nach reiflicher Überlegung um Suizidhilfe gebeten hat.
  2. Er ist aufgrund einer persönlichen Untersuchung des Patienten zu der Überzeugung gelangt, dass der Patient an einer unheilbaren, zum Tode führenden Erkrankung mit begrenzter Lebenserwartung leidet.
  3. Er hat den Patienten umfassend über seinen Zustand, dessen Aussichten, mögliche Formen der Suizidhilfe sowie über andere – insbesondere palliativmedizinische – Möglichkeiten aufgeklärt.
  4. Er hat mindestens einen anderen, unabhängigen Arzt hinzugezogen, der den Patienten persönlich untersucht und ein schriftliches Gutachten über die Punkte 1 und 2 abgegeben hat.

5. Zwischen dem Aufklärungsgespräch gemäß Nr. 3 und der Suizidhilfe sind mindestens zehn Tage verstrichen.
- Kein Arzt ist zur Durchführung von Suizidhilfe verpflichtet.
- Jede Form der Werbung für die Suizidhilfe wird unter Strafe gestellt.
- Die Strafbarkeit der Tötung auf Verlangen (§ 216 StGB) bleibt unangetastet.

Eine ausführliche wissenschaftliche Begründung für diesen Gesetzesvorschlag aus medizinischer, ethischer und juristischer Sicht ist in einer eigenen Publikation veröffentlicht.[1] Nachfolgend eine Zusammenfassung der wichtigsten Gründe:

1. Es gibt heute, auch unter Psychiatern und Suizidforschern, keinen Zweifel daran, dass es angesichts schwerster Krankheit und nicht ausreichend zu lindernden Leidens freiverantwortliche Suizidwünsche geben kann.
2. Ebenso bestehen keine Zweifel daran, dass es auch unter bester Palliativversorgung Menschen gibt, die angesichts einer schweren Krankheit und einer kurzen Lebenserwartung sagen: «Das, was mir noch bevorsteht, möchte ich nicht erleben.»
3. Es kann nicht Aufgabe des Staates sein, in diesem höchstpersönlichen Bereich den Bürgern ethisch einseitige Vorgaben zu machen. Wohl aber muss der Staat seinen Bürgern gegenüber gerade in verzweifelten Notsituationen Fürsorge entgegenbringen.
4. Diese Fürsorge äußert sich dadurch, dass Menschen in diesen Lebenslagen kompetente Ansprechpartner zur Verfügung gestellt werden, die unvoreingenommen auf die Situation des Einzelnen eingehen können. Die notwendigen Kompetenzen für die Beratung schwerstkranker

Menschen mit Suizidwünschen finden sich vor allem bei Ärzten.

5. Durch die zweifache ärztliche Untersuchung und das vorgeschriebene Aufklärungsgespräch werden die Ziele der Fürsorge, des Schutzes vor sozialem Druck und der Suizidprävention auf bestmögliche Weise erreicht.
6. Die juristische Problematik der sogenannten «Garantenstellung», derentwegen sich Ärzte und Angehörige vom sterbenden Suizidenten fernhalten müssten, um nicht wegen Totschlags durch Unterlassen angeklagt zu werden, ist durch die vorgeschlagene Regelung geklärt.
7. Die vieldiskutierte Frage, ob man nur die «gewerbsmäßigen» (auf Gewinn ausgerichteten) oder auch die «geschäftsmäßigen» (auf Wiederholung ausgerichteten) Suizidhilfe-Organisationen verbieten soll, ist ebenfalls geklärt, da – mit Ausnahme der ärztlichen – jede Form der organisierten Suizidhilfe und der Werbung dafür verboten wird.
8. Die Tötung auf Verlangen bleibt ausnahmslos strafbar, da ihre Freigabe zum einen angesichts der empirischen Daten unvertretbare Gefahren birgt. Zum anderen ist sie in der Praxis angesichts des technologischen Fortschritts nicht notwendig: Jeder Mensch, der in der Lage ist, einen freiverantwortlichen Suizidwunsch zu äußern, ist auch in der Lage (und sei es z. B. bei vollständig gelähmten Patienten durch die heute problemlos mögliche Computersteuerung mittels Augenbewegungen[4]), die Tatherrschaft über das Geschehen bis zum Ende zu behalten.

Die Gegenargumente

Recht auf Leben

Vielfach wird in diesem Zusammenhang vom «Recht auf Leben» gesprochen sowie (besonders seitens der Kirchen) von der Unverfügbarkeit des Lebens als Geschenk Gottes. Das letztere Argument ist unbestreitbar von großem Gewicht – allerdings nur für die Angehörigen der jeweiligen Glaubensgemeinschaft. Ein pluralistischer, laizistischer Staat hat für den uneingeschränkten Respekt der Glaubensfreiheit und der Religionsausübung zu sorgen. Auf der anderen Seite darf der Staat nicht weltanschauliche Auffassungen von einzelnen religiösen oder sonstigen Gruppen per Gesetz über andere Auffassungen erheben.

Was das «Recht auf Leben» angeht, das grundgesetzlich garantiert ist, so beinhaltet dieses Prinzip nach einhelliger Meinung aller Experten keine «Pflicht zum Leben»; sonst müsste man ja konsequenterweise den Suizid(versuch) wieder unter Strafe stellen. Allerdings lässt sich aus dem Recht auf Leben auch nicht im Umkehrschluss ein «Recht auf Sterben» ableiten. Das ist auch nicht die Begründung unseres Gesetzesvorschlags, sondern der Versuch, eine durch das Fehlen jeder Regelung unbefriedigende und in ihrer fehlenden Transparenz für viele Menschen belastende Rechtslage zu verbessern.

Angst vor Störung des Arzt-Patienten-Verhältnisses

Dieses Argument wird insbesondere von der deutschen Bundesärztekammer angeführt. Sie argumentiert damit, dass es dem ärztlichen Ethos widerspreche, Patienten beim Suizid zu assistieren, und dass durch eine solche Tätigkeit das Vertrauen in die Ärzteschaft massiv beschädigt würde. Dementsprechend hat der Deutsche Ärztetag 2010 die Muster-Berufsordnung für Ärzte geändert und den umstrittenen Satz eingefügt: «[Ärzte] dürfen keine Hilfe zur Selbsttötung leisten.» Nun ist die Muster-Berufsordnung wiederum nur ein Vorschlag für die rechtsverbindlichen Berufsordnungen, die die einzelnen Landesärztekammern erlassen. Und so ist es inzwischen zu der paradoxen Situation gekommen, dass (Stand: August 2014) nur 10 von 17 Landesärztekammern diesen Satz übernommen haben. Das bedeutet konkret, dass ein Arzt in z. B. Bayern oder Baden-Württemberg keine standesrechtlichen Konsequenzen (die bis zum Approbationsentzug gehen können) im Falle einer Suizidassistenz befürchten muss, in Hessen oder Thüringen aber schon. Allerdings hat das Verwaltungsgericht Berlin in einem Urteil 2012 klargestellt, dass es berufsrechtliche Strafen bei Ärzten, die Suizidhilfe leisten, für rechtswidrig hält.[5]

Widerspricht nun aber die Suizidhilfe dem ärztlichen Ethos oder nicht? Die Meinung der Ärzteschaft zu diesem Punkt ist geteilt. Eine Repräsentativbefragung im Auftrag der Bundesärztekammer hatte 2009 ergeben, dass Wünsche nach Suizidhilfe in der ärztlichen Praxis durchaus häufig vorkommen und dass 37 Prozent der Ärzte bereit wären, Suizidhilfe zu leisten, wenn dies gesetzlich ausdrücklich erlaubt wäre.[6] Von einer einheitlichen Ablehnung der Suizidhilfe als «unethisch» kann also in der deutschen Ärzteschaft kaum die Rede sein.

Was die Angst vor dem Vertrauensverlust angeht, so ist auch diese empirisch nicht begründbar. In einer Umfrage aus dem Jahr 2003 bejahten 84 Prozent der Befragten den Satz: «Wenn mein Hausarzt einem unheilbar kranken Patienten bei der Selbsttötung hilft, würde ich das Vertrauen zu ihm nicht verlieren.»[7] Auch in Schweden, wo die Suizidhilfe bisher nicht erlaubt ist, ergab eine repräsentative Befragung von über 1000 Personen, dass die allermeisten ihr Vertrauen in die Ärzteschaft durch eine Legalisierung des ärztlich assistierten Suizids nicht gefährdet, sondern sogar gestärkt sähen.[8]

Angst vor sozialem Druck auf gefährdete Menschen, vor Verschlechterung der Palliativversorgung und vor Suizidzunahme

Das Argument des «sozialen Drucks» ist sehr ernst zu nehmen. In einer Gesellschaft, in der das Primat des Ökonomischen immer stärker wird, besteht tatsächlich die konkrete Gefahr, dass das Vorhandensein einer gesetzlichen Regelung zur Suizidhilfe alte und kranke Menschen einem sozialen Druck aussetzt, diese Möglichkeit auch bitte schön im Interesse der Gesellschaft wahrzunehmen. Es wäre in der Tat furchtbar, wenn sich diese Menschen eines Tages dafür entschuldigen müssten, dass sie noch am Leben sind und am Leben bleiben möchten. Und es gibt leider aus der Praxis des Schwangerschaftsabbruches bei schwerer Erkrankung oder Behinderung des Kindes durchaus Hinweise auf einen gesellschaftlichen Druck hin zur volkswirtschaftlich opportunen Abtreibung.

Das ist allerdings nicht unsere tägliche Erfahrung in der Sterbebegleitung. Fälle, in denen man die Patienten vor ihren Familien regelrecht schützen muss, gibt es durchaus, aber es handelt sich fast immer um Überfürsorge, nicht um Druck zur Lebensbeendigung. Zudem arbeite ich nun seit über drei Jahren in der Schweiz und habe es noch kein einziges Mal erlebt oder auch nur erzählt bekommen, dass sich ein Palliativpatient aus sozialem Druck heraus zum assistierten Suizid entschieden hätte. Diese Gefahr schiene mir bei einer generellen Freigabe der Suizidassistenz für Hochbetagte eher gegeben zu sein.

Außerdem haben Forschungen bei Patienten am Lebensende ergeben, dass sich ihre Wertvorstellungen hin zum Altruismus verschieben, wodurch sich ihre Lebensqualität erhöht.[9] Dieser Altruismus richtet sich zuallererst auf das eigene soziale Umfeld, sprich die Familie. Und es fällt bei der Betrachtung von konkreten Einzelfällen schwer, den Wunsch, die eigene Familie zu entlasten, als ethisch minderwertig und ablehnungswürdig einzustufen. Dazu eine persönliche Stellungnahme:

Seit über 25 Jahren betreue ich als Arzt Menschen am Ende ihres Lebens und habe das Privileg geschenkt bekommen, Tausende unterschiedlichster Einzelschicksale begleiten zu dürfen. Aufgrund der Fortschritte der modernen Palliativmedizin ist mir vor fast keiner Krankheit am Lebensende bange, einschließlich ALS oder Demenz. Es gibt aber einige wenige Ausnahmen. Eine davon kommt aus meinem ursprünglichen Fachgebiet, der Neurologie, und betrifft eine bestimmte Art bösartiger Hirntumore. Je nachdem, wo genau diese Tumore im Gehirn lokalisiert sind, können sie im Verlauf zu schweren Persönlichkeitsstörungen mit Aggressivitätsausbrüchen führen. Diese Ausbrüche richten sich häufig gegen die engsten Angehörigen, worunter Patienten und Familien extrem leiden. Die Trauerphase der Angehörigen ist durch die angstbesetzten Erinnerungen an die letzte Lebensphase des Verstorbenen deutlich erschwert. Sollte ich an so einem Hirntumor erkranken, so würde ich mir und meiner Familie einen solchen Verlauf unbedingt rechtzeitig ersparen wollen.

Das wichtigste Gegenargument ist in diesem Fall allerdings ein schlicht empirisches: In den Ländern, in denen die Tötung auf Verlangen und/oder der assistierte Suizid erlaubt sind, gibt es keinerlei Anzeichen für die Entstehung oder die massive Zunahme eines solchen sozialen Drucks.[10] Die Versorgung alter Menschen ist zum Beispiel in der Schweiz hervorragend und die Palliativbetreuung in Oregon, Belgien und den Niederlanden gehört inzwischen zu den besten weltweit.[11] Und was die Angst vor Suizidzunahme angeht, orientiert sich unser Vorschlag bewusst an Oregon: dort ist über nunmehr 16 Jahre nur eine geringe Zunahme der Suizidhilfefälle zu beobachten (Abb. 6.1).

Die wissenschaftlichen Daten sagen uns aber auch Folgendes: Egal, welche Regelung getroffen wird, unsere Gesellschaft wird es sich nicht leisten können, weiterhin die pflegerische und palliativmedizinische Versorgung hochbetagter Menschen stiefmütterlich zu behandeln. Die Einrichtung einer Nationalen Strategie Palliative Care, wie sie in der Schweiz mit großem Erfolg seit 2010 existiert, ist auch für Deutschland überfällig. Ebenso ist es höchste Zeit, das Fachwissen der Altersmedizin (Geriatrie) und der Palliativmedizin zusammenzuführen, um eine bessere Versorgung dieser rasant wachsenden Personengruppe zu erreichen. Zu diesem Zweck wurde im Juni 2014 die weltweit erste Professur für geriatrische Palliativmedizin am Universitätsklinikum Lausanne ausgeschrieben. Wir hoffen, dass es nicht lange die einzige bleiben wird.

Ausblick

Mit diesem Gesetzentwurf wird ein «Mittelweg» vorgeschlagen zwischen einer Legalisierung der Tötung auf Verlangen nach niederländischem Vorbild (die aus meiner Sicht aus den erwähnten Gründen unbedingt zu vermeiden ist) und einem strikten Verbot jeglicher Form der «Hilfe zum Sterben», wie dies zum Beispiel in Österreich oder Italien der Fall ist. Der Vorschlag soll vor allem dazu beitragen, den Weg frei zu machen für eine nüchterne, sachgerechte und alle wichtigen Aspekte umfassende Diskussion über die Selbstbestimmung am Lebensende, die die unterschiedlichen Wünsche und Wertvorstellungen der Menschen respektiert. Denn die echten Hindernisse für die Autonomie in der letzten Lebensphase liegen ganz woanders, wie wir im zweiten Teil dieses Buches sehen werden.

Teil 2

Was heißt hier «Selbstbestimmung»?

8
Was heißt hier «Selbstbestimmung»? Versuch einer Annäherung

Do not go gentle into that good night,
Old age should burn and rave at close of day;
Rage, rage against the dying of the light.

Geh' du nicht sanft in jene gute Nacht,
Das Alter soll im Sterben brennen, rasen;
Zürn, zürn dem Dunkeln deines Lichtes Pracht.

Though wise men at their end know dark is right,
Because their words had forked no lightning they
Do not go gentle into that good night.

Die Weisen wissen um des Dunkels Recht.
Doch, weil kein Funke je ihr Wort entfacht,
Geh'n sie nicht sanft in jene gute Nacht.

Good men, the last wave by, crying how bright
Their frail deeds might have danced in a green bay,
Rage, rage against the dying of the light.

Die Guten, schon verwelkt, sie träumen weinend
Von schwacher Taten Tanz im grünen Hain,
Und zürnen ihrem End' der Lichterpracht.

Wild men who caught and sang the sun in flight,
And learn, too late, they grieved it on its way,
Do not go gentle into that good night.

Die Wilden, die der Sonne Flug besungen,
lernen, zu spät, dass sie sie nur betrauern,
und geh'n nicht sanft in jene gute Nacht.

Grave men, near death, who see with blinding sight
Blind eyes could blaze like meteors and be gay,
Rage, rage against the dying of the light.

Die Ernsten, todesnah zum Sehen erwacht,
dass blitzen kann frohblinder Augen Schein,
sie zürnen ihrem End' der Lichterpracht.

And you, my father, there on the sad height,
Curse, bless, me now with your fierce tears, I pray.
Do not go gentle into that good night;
Rage, rage against the dying of the light.

Und du, mein Vater, dort auf traur'ger Höh',
Verfluche, segne mich mit deinen wüt'gen Tränen.
Geh' du nicht sanft in jene gute Nacht;
Zürn, zürn dem Dunkeln deines Lichtes Pracht.

Dylan Thomas (1914–1953)
Übersetzung: nach Walter A. Aue[1]

Jeder Mensch stirbt anders

Das phänomenale und zu Recht weltberühmte Gedicht von Dylan Thomas bürstet uns gegen den Strich. Dies umso mehr, als er es nicht abstrakt, sondern ganz konkret für seinen sterbenden Vater geschrieben hat. Gemeinhin stellt man sich das so vor, dass man den eigenen Eltern nichts Schöneres und Würdigeres als ein friedliches Sterben, ohne Schmerzen, am besten daheim und im Kreise der liebenden Angehörigen wünschen kann. Genau hier erwischt uns Dylan Thomas auf dem falschen Fuß: Kann es auch zur Würde des Menschen gehören, sich gegen den bevorstehenden, unausweichlichen Tod bis zum letzten Augenblick aufzulehnen, und das auch noch im Zorn (wohlgemerkt in der christlichen Tradition eine der sieben Todsünden)? Da stocken wir. Es fällt schwer, das zu akzeptieren.

Und doch zeigt uns die Erfahrung in der Palliativ- und Hospizarbeit genau dies: Jeder Mensch stirbt anders. Es gibt so viele Arten zu sterben, wie es Menschen gibt. Im Großen und Ganzen, das erleben wir immer wieder, sterben die Menschen so, wie sie gelebt haben. Eine Kämpfernatur wie Dylan Thomas wird sich nicht klag- und kampflos in ihr Schicksal fügen. Umgekehrt wird ein Mensch, der immer seiner Umgebung angepasst war, sich am Ende in der Regel auch eher leise verabschieden. Manchmal ist die Übereinstimmung der Sterbephase mit dem Leben des Betroffenen nicht auf den ersten Blick zu erkennen, obwohl sie eigentlich offensichtlich ist, wie in folgendem Beispiel:

Frau A. war schon mit 60 an Brustkrebs erkrankt; der Tumor hatte auf die Operation und die nachfolgenden Therapien gut angesprochen und sie etwa 20 Jahre lang in Ruhe gelassen. Jetzt, mit 80, hatte er sie aber doch eingeholt und Tochtergeschwülste in Leber, Lunge und Knochen angesiedelt. Diese sprachen nicht mehr auf die Chemotherapien an und wurden immer größer, so dass die Patientin auf unsere Palliativstation verlegt wurde. Sie litt unter Schmerzen und Atemnot – Symptome, die normalerweise mit Medikamenten gut kontrolliert werden können. Aber egal, was wir taten, es schien nicht zu helfen. Jeden Morgen bei der Visite war des Stöhnens und Jammerns kein Ende. Alle unsere Bemühungen schienen die Situation eher zu verschlimmern – und doch hatten wir den seltsamen Eindruck, dass sich die Dame bei uns durchaus wohl fühlte, trotz ihrer behandlungsresistenten Beschwerden. Dieser Widerspruch löste sich erst auf, als die Seelsorgerin der Station bei der Teambesprechung beiläufig erwähnte, dass die Patientin in ihrer Jugend eine berühmte Opernsängerin gewesen war. Da wurde uns klar: Ihr ganzes Leben war eine große Aufführung gewesen, sie wollte das Finale würdig abschließen, und wir waren dabei notgedrungen (sie hatte keine lebenden Familienmitglieder mehr) ihr Publikum.

Diese Einsicht führte nun keineswegs dazu, dass sich die Situation der Patientin «zum Besseren» gewendet hätte. Wenigstens nicht in dem Sinne, dass ihre Beschwerden leichter zu behandeln gewesen wären; jeden Morgen war es bei der Visite dasselbe Theater. Aber nachdem wir wussten, dass es sich um eine Art des Umgangs mit der Situation handelte, die mit der Lebensgeschichte und der Persönlichkeit der Patientin übereinstimmte, fiel es uns viel leichter, dies zu akzeptieren. Wir gingen sozusagen mit einem (respektvollen) inneren Schmunzeln zur Patientin und merkten rasch, dass sich ein ähnliches inneres Schmunzeln auch bei ihr einstellte (bei wohlgemerkt unverändert starken Beschwerden). Dieses stille Einverständnis blieb bis zum Schluss erhalten – und obwohl Frau A. unter weiterhin nicht ausreichend gelinderten Symptomen starb, bedankte sie sich noch kurz vor ihrem Tod herzlichst bei allen Mitarbeitern des Palliativteams für ihre Arbeit und vor allem für ihre Zuwendung.

Das Sterben von Frau A. ist ein gutes Beispiel dafür, wie sehr unsere Biographie und unsere Primärpersönlichkeit unser Verhalten am Lebensende bestimmen. Niemand käme ernsthaft auf die Idee, zu behaupten, ihr Sterben sei «schlecht» gewesen, obwohl sie objektiv bis zum Schluss an schweren Symptomen litt. Viel wichtiger als das war aber, für sie und – nachdem wir das verstanden hatten – auch für uns: Es war *ihr* Sterben.

Versuch einer Definition

Der Versuch, den Begriff der Selbstbestimmung zu definieren und einzugrenzen, zieht sich durch die gesamte westliche Philosophiegeschichte: von den Vorsokratikern über Epiktet («Frei ist derjenige, dem alles nach seinem Willen geht»), Giovanni Pico della Mirandola («Der Mensch ist freier und selbstbestimmter Schöpfer seiner selbst»), Immanuel Kant («Die Autonomie des Willens ist das alleinige Prinzip aller moralischen Gesetze») und Friedrich Nietzsche («Die Lehre von der Freiheit des Willens ist eine Erfindung herrschender Stände») bis hin zu den modernen Neurophilosophen (die teilweise das Konzept der Selbstbestimmung als solches aufgrund eines auf die Spitze getriebenen neurobiologischen Determinismus ablehnen), um nur einige Beispiele zu nennen.

Der in der philosophischen Diskussion hauptsächlich verwendete Begriff der «Autonomie» stammt aus dem Griechischen (*autós*, selbst, und *nómos*, Gesetz) und bedeutet wörtlich in etwa «Eigengesetzlichkeit», im übertragenen Sinne «Entscheidungsfreiheit». Auch wenn man bei genauerem Hinschauen subtile Unterschiede zwischen den Begriffen der Autonomie und der Selbstbestimmung finden kann, werden in diesem Buch beide Bezeichnungen bewusst synonym verwendet.

Aus dem Blickwinkel der Frage nach der Selbstbestimmung am Lebensende erscheint die Unterscheidung interessant, die der amerikanische Philosoph Bruce Miller 1981 veröffentlichte.[2] Miller unterscheidet in Bezug auf Entscheidungen über lebensverlängernde Maßnahmen zwischen vier Aspekten der Autonomie:

- Autonomie als freie Handlung: Die Entscheidung geschieht ohne äußeren Druck und entspricht der freien Willensbildung des über seine Situation korrekt aufgeklärten Patienten.
- Autonomie als Authentizität (Wahrhaftigkeit): Die Entscheidung stimmt mit den Wertvorstellungen und der Lebensplanung des Patienten überein.
- Autonomie als praktische Reflexion: Der Patient kann die unterschiedlichen Handlungsmöglichkeiten verstehen und seine Entscheidung zugunsten einer dieser Möglichkeiten nachvollziehbar begründen.
- Autonomie als moralische Reflexion: Der Patient kann die Werte bezeichnen, auf die er seine Entscheidung basiert, und akzeptiert die Konsequenzen seiner Wertentscheidung.

Natürlich haben diese Teilaspekte der Selbstbestimmung – bis auf den ersten – keine juristische Bedeutung. Kein Mensch muss sich vor seinem Arzt dafür verantworten, ob seine Entscheidung im Einklang mit irgendwelchen Werten steht, solange sie offenkundig freiverantwortlich ist. Aber hilfreich ist diese Betrachtungsweise für die Praxis allemal: Sie ermöglicht dem Arzt, durch gezieltes Nachfragen die Hintergründe der Patientenentscheidung besser zu verstehen. Damit nimmt er den Patienten als ganzen Menschen ernst, mitsamt seinen Überzeugungen und Wertvorstellungen. Das stärkt in aller Regel die Qualität der Kommunikation und der Arzt-Patienten-Beziehung, was wiederum eine gute Basis für wirklich freie Entscheidungen darstellt.

Geht man über den engen Bereich der Therapieentscheidungen hinaus, bedeutet Selbstbestimmung für Menschen in der letzten Lebensphase am häufigsten die Antwort auf die

Frage: *«Was ist mir in der mir noch verbleibenden Zeit am wichtigsten?»* Das ist für viele Menschen gar nicht so einfach zu beantworten. Wenn man sich die Frage ernsthaft stellt, muss man sich selbst über die eigenen Werte und Prioritäten erst einmal klar werden – etwas, wofür im Laufe des Lebens oft die Zeit gefehlt hat. Immer wieder jedoch zeigen uns sterbende Patienten: Wenn diese Reflexion in einem Zustand größtmöglicher innerer Freiheit stattfindet, kann die Antwort auf die Frage sehr unterschiedlich ausfallen, aber sie wird dem eigenen Wesen weitestgehend entsprechen und damit im wahrsten Sinne des Wortes selbstbestimmt sein.

Die Antworten auf diese Frage können viele verschiedene Bereiche betreffen: Entscheidungen über materielle und (oft wichtiger, s. Kap. 9) immaterielle Vermächtnisse, Versöhnung mit der eigenen Lebensgeschichte, Vergebung bei schwierigen Beziehungen, eine letzte Kontaktaufnahme mit lange vermissten Menschen usw. bis hin zu konkreten Wünschen für die eigene Bestattung und den Begräbnisort. (Letztere stellen übrigens gelegentlich die Flexibilität der Betreuenden auf die Probe: Bei Muslimen muss die Bestattung einem vorgegebenen Ritual folgen und so schnell wie möglich durchgeführt werden, während für Buddhisten es von größter Bedeutung ist, den Toten 72 Stunden lang möglichst nicht zu berühren – was in den meisten westlichen Ländern gegen die geltenden Bestattungsgesetze verstößt. Aber wo ein Wille ist …)

Durch die oben erwähnte Frage «Was ist mir noch am wichtigsten?» wird im Übrigen auch die Hauptaufgabe der Palliativmedizin definiert: Wie Cicely Saunders einmal sagte, geht es bei der Palliativbetreuung primär darum, Hindernisse (wie körperliches, psychisches und spirituelles Leiden) zu beseitigen, um Raum zu schaffen. Raum wofür? Für die Entfaltung des menschlichen Potentials, das jedem Individuum in jedem Augenblick seines Lebens innewohnt – unabhängig davon, wie kurz seine Lebenserwartung noch sein mag. Und das ist nichts anderes als eine Umschreibung für die Verwirklichung der Selbstbestimmung.

Die juristische Bedeutung

«Voluntas aegroti suprema lex» (Der Wille des Kranken ist oberstes Gesetz) – juristischer Leitsatz

Das deutsche Rechtssystem geht grundsätzlich vom Bild des entscheidungsfähigen, autonomen Menschen aus. Wenn ein Volljähriger eine Entscheidung trifft, gilt für ihn zunächst die Vermutung der Entscheidungsfähigkeit – bis zum Beweis des Gegenteils, der aber erst einmal erbracht werden muss.[3] Die Hürde, um jemandem die Fähigkeit zur Entscheidung über medizinische Maßnahmen (die sogenannte «Einwilligungsfähigkeit») zu entziehen, sind relativ hoch. Eine leichte Demenz oder Verwirrtheit reichen dafür nicht aus. Ebenso schließt eine Depression, selbst eine behandlungsbedürftige, die freie Willensbildung nicht automatisch aus. Wie der Jurist sagt: «Es kommt darauf an.» Wichtig dabei ist: Worauf es den Juristen ankommt, ist nur, ob der Betroffene in der Lage ist, seinen Willen frei zu bilden und klar auszudrücken. Die diesem Willen zugrunde liegenden Wertvorstellungen sind in einem pluralistischen, demokratischen Staat irrelevant, solange die daraus resultierenden Handlungen nicht gegen geltende Gesetze verstoßen.

Für die Praxis bedeutet das: Nachweispflichtig ist im Einzelfall das *Fehlen* der Einwilligungsfähigkeit, nicht deren Vorhandensein. Genauso ist zunächst von der Echtheit einer unterschriebenen Patientenverfügung auszugehen, wenn nicht konkrete Hinweise das Gegenteil vermuten lassen. Man muss dabei immer beachten, dass die Systematik des Rechtssystems notwendigerweise zu einer etwas vereinfachten Schwarz-Weiß-Sichtweise führt: Ein Mensch ist entweder volljährig, oder er ist es nicht. Dasselbe gilt für die Einwilligungsfähigkeit. Mit der Wirklichkeit, die hauptsächlich aus Grauzonen besteht, hat das natürlich wenig zu tun. Es ist aber notwendig, um in dieser komplexen Realität Entscheidungen treffen zu können.

Ist ein Mensch aus juristischer Sicht nicht mehr einwilligungsfähig, wird ihm zu seinem Schutz ein Betreuer zur Seite gestellt, wenn er nicht von sich aus schon einen Bevollmächtigten benannt hat (s. Kap. 10). Liegt keine Patientenverfügung vor, haben Betreuer und Arzt die Aufgabe, den mutmaßlichen Willen des Betroffenen gemeinsam zu ermitteln (§ 1901a Abs. 2 und § 1901b BGB). Dabei spielen aktuelle Äußerungen und Verhaltensweisen des Patienten eine sehr wichtige Rolle. Seine grundlegende Autonomie (genauso wie seine Würde) verliert der Mensch zu keinem Zeitpunkt seiner Existenz – er kann sie nur in unterschiedlichem Maße ausüben. Grundsatz der Bemühungen aller Beteiligten sollte es auch aus rechtlicher Sicht immer sein, der Verwirklichung der Selbstbestimmung des Patienten die oberste Priorität einzuräumen.

Die Bedeutung für die Ärzte: Autonomie im Dialog

«Salus aegroti suprema lex» (Die Gesundheit des Kranken ist oberstes Gesetz) – alter ärztlicher Leitsatz

Für uns Ärzte galt über viele Jahrhunderte die Maxime, dass sich unser ganzes Tun nur an dem Ziel der Wiederherstellung der Gesundheit des Kranken auszurichten habe. Im Hippokratischen Eid steht: «Ich werde ärztliche Verordnungen treffen zum Nutzen der Kranken nach meiner Fähigkeit und meinem Urteil.» Vom Patientenwillen ist hier nicht die Rede; der Arzt entscheidet, was gut und was schlecht für den Patienten ist. Wie wir gesehen haben, erscheint eine solche Einstellung heute nicht mehr zeitgemäß. Aber das ist nur die eine Seite der Medaille.

Schauen wir auch auf die andere Seite: Wie sieht es eigentlich mit der Autonomie der Ärzte aus? Haben sie überhaupt ein Recht darauf? Wenn man den oben erwähnten juristischen Leitsatz «Voluntas aegroti suprema lex» wörtlich nimmt, wären Ärzte letztlich nur Erfüllungsgehilfen des Patientenwillens. In dieser Extremform ist das genauso realitätsfremd, wie es eine Neuauflage des ärztlichen Paternalismus vergangener Jahrhunderte heute wäre. Was in den letzten Jahren auch durch Forschungsarbeiten immer klarer wurde, ist die zentrale Rolle der Arzt-Patienten-Kommunikation für eine echte Verwirklichung der Patientenautonomie. Zum einen kann der Einfluss ärztlicher Äußerungen auf die Entscheidungen von Patienten kaum überschätzt werden (s. Kap. 11); zum anderen ist es für Patienten und Familien gerade in kritischen Situationen am allerwichtigsten, sich vom Arzt gehört und verstanden zu fühlen, wozu dieser viel Zeit und Empathie einsetzen muss. Die Fähigkeit zum aktiven Zuhören wird immer mehr als eine der wichtigsten Eigenschaften eines guten Arztes erkannt. Es ist meine feste Überzeugung: Die Medizin der Zukunft wird eine hörende sein, oder sie wird nicht sein.[4]

Die Bedeutung für die Patienten

«Mein Tod gehört mir»,
Udo Reiter, 70 Jahre, MDR-Intendant a. D.[5]
«Mein Sterben gehört mir»,
Astrid I., 24 Jahre, Anorexie-Patientin
«Mein Leben gehört mir»,
Philipp Lahm, 30 Jahre, frisch zurückgetretener Weltmeister[6]

Diese drei Betrachtungsweisen sind typisch für verschiedene Blickrichtungen auf die Selbstbestimmung am Lebensende. Verkürzt ausgedrückt, geht es beim erstgenannten Zitat um den Tod, das heißt um die Art und Weise, in der man aus dem Leben scheiden wird. Autonomie wird hier auf den Anspruch reduziert, den eigenen Todes*zeitpunkt* – notfalls mittels fremder Hilfe – selbst bestimmen zu dürfen. Es gibt Menschen, für die diese Frage die alles entscheidende ist, aber es sind, wie wir gesehen haben, sehr wenige.

Bei der zweiten Betrachtungsweise geht es um das Sterben als Prozess, der sich je nach Krankheit über Stunden, Tage, Monate oder gar Jahre ausdehnen kann. Hier stehen die Umstände des Sterbens im Vordergrund, die mit den eigenen Vorstellungen übereinstimmen sollen. Zwei verblüffend ähnliche Beispiele dafür ereigneten sich über tausend Kilometer voneinander entfernt, in zwei verschiedenen Ländern:

Frau R., 60 Jahre alt, litt seit vielen Jahren an einer schweren Form der Zuckerkrankheit (Diabetes). Diese war inzwischen so fortgeschritten, dass Frau R. große Probleme mit der Blutversorgung ihrer Beine bekam. Es bildeten sich Hautrisse mit Wunden, die sich entzündeten und nur schlecht heilten. Eine dieser

Entzündungen verlief besonders schlimm und übertrug sich auf das darunterliegende Muskelgewebe. Frau R. kam in die Nothilfe mit hohem Fieber, aber völlig klarem Verstand. Die Ärzte erläuterten ihr, dass eine Amputation des Unterschenkels unumgänglich sei, da Sie ansonsten mit hoher Wahrscheinlichkeit an einer Blutvergiftung sterben würde. Frau R. verweigerte aber konsequent ihre Einwilligung in die Operation, trotz der zuletzt verzweifelten Überzeugungsversuche der Ärzte. Sie sagte: «Machen Sie mit mir, was Sie wollen, aber meine Beine bleiben ganz.» Sie starb zwei Tage später an der erwarteten Blutvergiftung, ohne ihre Einstellung geändert zu haben.

Frau V., 63 Jahre alt, war an einer besonders bösartigen Form von Brustkrebs erkrankt. Zum Zeitpunkt der Diagnose hatte der Tumor schon Tochtergeschwülste in Leber und Lunge gebildet. Frau V. stimmte der dringend notwendigen Operation zu, aber eine Chemotherapie, die ihre Überlebenschancen deutlich verbessert hätte, lehnte sie vehement ab mit der Begründung, sie wolle auf keinen Fall ihre langen blonden Haare verlieren. Stattdessen ließ sie sich, als die Krankheit weiter fortschritt, auf eine Palliativstation aufnehmen, wo sie nach einigen Wochen friedlich und mit immer noch intakter Haarpracht verstarb. Sie sagte dem Team noch kurz vor ihrem Tod, dass sie überzeugt sei, die richtige Entscheidung für sich getroffen zu haben.

In der Palliativmedizin lassen sich Entscheidungen, die auf einen Außenstehenden etwas irrational wirken können, oft mit einem Blick auf die Lebensgeschichte der Patienten erklären. So auch in diesen Fällen: Frau R. war ihr Leben lang Schuhverkäuferin gewesen, Frau V. hatte als junge Friseuse angefangen und besaß zum Schluss fünf Friseur- und Kosmetiksalons, was sie zur «Beauty Queen» der Region gemacht hatte. Für beide Frauen wären die Therapiefolgen mit ihrem Selbst- und Körperbild völlig unvereinbar gewesen. Ihre Entscheidungen waren daher – aus ihrer Sicht – nur folgerichtig.

Bei der dritten Betrachtungsweise geht es um das Leben – allerdings in unserem Kontext weniger um das Fußballerleben als um das Leben aus der Perspektive des Sterbenden beziehungsweise im Angesicht des Todes. Der erwähnte stoische Philosoph Epiktet (ca. 50–138 n. Chr.) sagte dazu: «Habe täglich den Tod vor Augen; das wird dich vor kleinlichen Gedanken und vor maßlosen Begierden bewahren.» In Psalm 90 steht: «Herr, lehre uns bedenken, dass wir sterben müssen, auf dass wir klug werden.» Für Buddhisten geht es im Augenblick des Todes nur um zwei Dinge: den Geisteszustand beim Sterben und das Leben, das wir geführt haben. Der große tibetische Meister und Dichter Milarepa (ca. 1052–1135) sagte: «Meine Religion besteht darin, mich auf meinem Sterbebett nicht schämen zu müssen.»

Tatsächlich ist dies das große Geschenk, das allen in der Palliativ- und Hospizarbeit Tätigen zur Verfügung steht: durch den ständigen Kontakt mit sterbenden Menschen das Leben zu lernen. Der Gedanke an den Tod wird dadurch zu einem stets im Hintergrund präsenten, aber mitnichten unangenehmen Lebensbegleiter. Patienten, die über ihr Leben nachdenken, wünschen nicht selten, sie hätten andere Prioritäten gesetzt (ich habe noch nie einen Patienten getroffen, der sich gewünscht hätte, in seinem Leben mehr gearbeitet zu haben). Beziehungen zu geliebten Menschen nicht zu vernachlässigen, sich genügend Zeit für sich zu nehmen und sich selbst treu zu bleiben gehören zu den häufigsten Prioritäten, von denen Sterbende berichten, dass sie sie leider zu sehr vernachlässigt hätten.

Aus diesen Erfahrungen lässt sich eine praktische Hilfestellung ableiten: Bei schwierigen Entscheidungssituationen im Leben kann es von Nutzen sein, sich vorzustellen, dass man auf dem eigenen Sterbebett liegt (viele Jahre in der Zukunft) und auf die jetzige Situation zurückblickt. Wie würde man, aus der Perspektive dieses fiktiven Rückblicks, sich entschieden haben wollen? Dieser Blickwinkel hilft zum einen, wichtige Situationen (neudeutsch *deathbed issues*) von weniger wichtigen zu unterscheiden. Zum anderen ist die Tatsache, dass wir sterben werden, die einzige Sicherheit, die wir im Leben überhaupt haben. Es kann also gelegentlich durchaus sinnvoll und hilfreich sein, das Leben aus der Perspektive dieser einzigen Sicherheit heraus zu betrachten.

Schlussbemerkung

Sinn dieses Kapitels war es nicht, einen Überblick über die verschiedenen Zugänge zum Autonomie-Begriff aus geisteswissenschaftlicher Sicht zu geben – dafür fehlt dem Verfasser jegliche Kompetenz. Sicher ließe sich aus philosophischer wie theologischer Sicht noch sehr viel sagen über die tiefere Bedeutung der beiden Wortteile «Selbst» und «Bestimmung», die in unterschiedlichen Kulturkreisen teilweise ganz anders bewertet werden (Buddhisten lehnen zum Beispiel das Konzept eines real existierenden «Selbst» ab und betrachten es als das größte Hindernis auf dem Weg zur Erleuchtung, was im deutlichen Gegensatz zum ausgeprägten Individualismus der monotheistischen Religionen steht). Aber das überlasse ich besser denjenigen, die davon wirklich etwas verstehen.[7]

Eher schon war dieses Kapitel der Versuch (der sich im Grunde durch dieses ganze Buch hindurchzieht, siehe insbesondere das folgende Kapitel), anhand verschiedener Perspektiven und Erfahrungen anzudeuten, wie facettenreich der Autonomie-Begriff und seine Anwendung in der Wirklichkeit sein kann, selbst wenn man ihn «nur» in Bezug auf das Lebensende verwendet – was im Übrigen in der Praxis gar nicht möglich ist. Denn eines habe ich aus den Begegnungen und Erzählungen von sehr vielen Menschen am Lebensende gelernt: Was auch immer die Menschen mit dem Begriff des «guten Sterbens» verbinden (was höchst unterschiedlich sein kann), fast immer hat es etwas mit dem zu tun, was für jeden einzelnen Menschen zu einem «guten Leben» gehört. Insofern stimmt es, was uns Philosophen und spirituelle Lehrer seit Jahrtausenden sagen: Die Vorbereitung auf das Sterben ist die beste Vorbereitung für das Leben – und umgekehrt.

9
Keiner stirbt für sich allein – Psychosoziale, kulturelle und spirituelle Aspekte der Selbstbestimmung

Der Ausweg

Herr N., 30-jähriger Einwanderer aus Somalia, Muslim wie die gesamte Familie, litt schon seit drei Jahren an einem mittlerweile weit fortgeschrittenen Lungenkrebs. Er war noch jung verheiratet und hatte eine zweijährige Tochter. Seine Frau erwartete gerade das zweite Kind. Der Krebs hatte inzwischen Metastasen im ganzen Körper gesetzt. Die Ärzte schlugen ihm, auch angesichts seines jungen Alters, eine neue Form der Chemotherapie vor (es war bereits die vierte). Für seine große, patriarchalisch strukturierte Familie bestanden keine Zweifel daran, dass er sich dieser auch zwingend unterziehen müsse. Allah würde dann entscheiden.

Leider verursachte die Behandlung bei dem jungen Mann deutliche Nebenwirkungen, insbesondere eine dauerhafte Übelkeit, die mit keinem der eingesetzten Medikamente wirksam gelindert werden konnte. Im vertraulichen Gespräch mit dem Palliativarzt (eine seltene Gelegenheit, denn meist waren mehrere Familienmitglieder anwesend) gab Herr N. an, eigentlich keine Therapie mehr zu wünschen, aber er habe nicht die Kraft, sich gegen seine Familie durchzusetzen.

Als die therapiebedingten Beschwerden weiter zunahmen, fand Herr N. zur Überraschung der Ärzte und der Angehörigen doch einen Weg, um seinen Willen auszudrücken: Er stellte Essen und Trinken aufgrund der unerträglichen Übelkeit einfach ein. Die Familie kochte ihm die leckersten Speisen, aber er konnte und wollte nicht mehr. Daraufhin wurde Familienrat mit dem Imam gehalten, und man kam zu dem Schluss, dass es – auch aus islamisch-theologischer Sicht – vorzuziehen sei, wenn Herr N. an der Krankheit sterbe als an dem Verzicht auf Nahrung und Flüssigkeit, der als Suizid gewertet wurde.

Die Therapie wurde also gestoppt, die Übelkeit ging zurück, und Herr N. fing wieder an zu essen. Und siehe da, es ging ihm viel besser als vorher. Die Ärzte hatten vorhergesagt, dass Herr N. ohne Chemotherapie nur noch zwei bis drei Wochen zu leben habe. Tatsächlich lebte er noch über drei Monate, mit einer guten Lebensqualität. Er konnte die Geburt seines Sohnes erleben und einen Monat später friedlich zuhause sterben.

Dieser Fallbericht zeigt eindrucksvoll, wie viele verschiedene Elemente zusammenkommen können, um eine einzige Entscheidung am Lebensende zu beeinflussen. Eine sicher unvollständige Liste der Faktoren, die bei der Therapieentscheidung von Herrn N. eine Rolle spielten, umfasst:

- seinen Lebenswunsch,
- seinen Wunsch, die Geburt seines zweiten Kindes zu erleben,
- das nachdrückliche Therapieangebot der Ärzte,
- den sozialen Druck seitens seiner Familie,
- den religiösen Druck, alle Therapieangebote anzunehmen,
- seine eigenen Glaubens- und Jenseitsvorstellungen,
- die Hoffnung auf ein Wunder (vor allem seitens der Familie),

- seine (schwindende) Hoffnung auf Besserung durch die Therapie,
- die kulturell bedingten patriarchalischen Entscheidungsstrukturen der Familie,
- die akuten Beschwerden durch die Krankheit,
- die Nebenwirkungen der Therapie,
- seinen schlechten Allgemeinzustand,
- den Wunsch, nicht weiter zu leiden,
- den Wunsch, nach Hause zu gehen.

Wie man leicht sehen kann, finden sich unter diesen Faktoren solche aus dem physischen, psychologischen, soziokulturellen und spirituellen Bereich. Das sind genau die Bereiche, um die sich die Palliativmedizin laut Definition der Weltgesundheitsorganisation zu kümmern hat.[1] Wenn von Selbstbestimmung am Lebensende die Rede ist, dann lässt sich nicht übersehen, dass der sogenannte «freie Wille» einer Vielzahl von mehr oder weniger offensichtlichen Beeinflussungen ausgesetzt ist. Jeder der Akteure in diesem Prozess möchte in der Regel nur das Beste für den Patienten. Trotzdem, oder gerade deshalb, widersprechen sich die Vorstellungen darüber, was im Einzelfall eine «gute Entscheidung» ist, mitunter deutlich, wenn sie nicht gar diametral entgegengesetzt sind.

Der Fallbericht zeigt aber auch, wie wichtig der Respekt vor kulturellen Unterschieden ist. Jede Kultur hat eigene Umgangsformen entwickelt, um auf Krankheit und Leiden zu reagieren. In diesem Fall wurde dem jungen Patienten seitens seiner Familie eher wenig Entscheidungsspielraum zugebilligt, was gegen unsere westlichen Autonomievorstellungen verstößt. Als aber die existentielle Not des Kranken durch seinen Nahrungs- und Flüssigkeitsverzicht sichtbaren Ausdruck fand, war die Familie in der Lage, mit Unterstützung des islamischen Geistlichen ihre Haltung zu ändern. Das hat dem Patienten nicht nur die Möglichkeit gegeben, seinen Wunsch nach Beendigung der Therapie zu realisieren. Viel wichtiger war, dass es ihm die Rückkehr in seine Kultur, seinen Glauben, seine Familie und zum Schluss sogar sein Zuhause ermöglicht hat. Kein Wunder, dass es ihm daraufhin so viel besser ging und er deutlich länger und besser überlebte, als von den Ärzten erwartet.

Die Familie ist wichtiger

Die alte Dame hatte mit 91 Jahren immer noch dichte, schwarze Haare (ungefärbt, wie sie betonte), die ihr schmales, von tiefen Falten zerfurchtes, stets etwas traurig lächelndes Gesicht umrahmten. Sie litt an Eierstockkrebs in weit fortgeschrittenem Stadium, mit Metastasen im ganzen Körper. Ihre Lebenserwartung betrug nur noch Tage bis wenige Wochen. Als wir zur Beratung hinzugezogen wurden, fiel uns als Erstes eine am linken Unterarm tätowierte mehrstellige Ziffer auf. Frau K. war Jüdin und hatte Auschwitz überlebt, als Einzige ihrer Familie. Sie war nach dem Krieg nach Israel ausgewandert, später aber nach Deutschland zurückgekehrt. Sie hegte keinen Groll, doch über ihre Lebensgeschichte zu reden, lehnte sie höflich, aber bestimmt ab.

Bei der Durchsicht ihrer Krankenunterlagen wunderten wir uns darüber, dass angesichts ihrer sehr kurzen Lebenserwartung und ihres schlechten Allgemeinzustandes noch eine starke Chemotherapie vorgesehen war. Mehr noch waren wir erstaunt darüber, dass explizit angeordnet war, Frau K. im Falle einer akuten Verschlechterung zu reanimieren – angesichts ihrer Situation ein aussichtsloses Unterfangen und das Gegenteil dessen, was die meisten Menschen unter einem friedlichen Tod verstehen. Die Ärzte der Station baten uns, mit dem Sohn der Patientin zu sprechen, denn er würde alle Entscheidungen treffen. Der Sohn, in Israel geboren und noch immer dort lebend, war orthodoxer Jude. Er erklärte uns höflich, aber bestimmt, dass sein Glaube es zwingend notwendig mache, alle medizinischen Möglichkeiten zur Lebensverlängerung bis zum Schluss auszuschöpfen, und dass seine Mutter selbstverständlich damit einverstanden sei. Diskussion zwecklos.

Als es uns am nächsten Tag gelang, alleine mit der Patientin zu sprechen, lächelte sie uns an und sagte: «Ich weiß, dass ich bald sterben werde. Ich weiß auch, dass diese ganzen Behandlungen mir nichts bringen außer Nebenwirkungen. Aber mein Sohn würde es nicht verkraften, wenn er nach meinem Tod den Eindruck hätte, nicht alle Möglichkeiten für meine Lebensverlängerung gefordert und durchgesetzt zu haben. Dann soll es in Gottes Namen so geschehen.» Frau K. starb wenige Tage später unter einem erwartungsgemäß vergeblichen Versuch der Wiederbelebung.

Der Münchner Psychotherapeut Martin Fegg machte bei einer Studie über die Wertvorstellungen Sterbender eine überraschende Beobachtung: Menschen, die im Angesicht des Todes leben, entdecken die Wichtigkeit der Anderen. Alle untersuchten Patienten zeigten, unabhängig von ihrer Krankheit, ihrem Geschlecht oder ihrer Religion, ein Überwiegen altruistischer gegenüber egoistischer Werte – ganz anders als die gesunde Allgemeinbevölkerung.[2] Die «Belohnung» für diese Wertverschiebung ist eine Verbesserung der eigenen Lebensqualität. Und die primären Adressaten dieses Altruismus sind die Angehörigen und Freunde der Patienten. Es ist für viele Menschen am Lebensende am wichtigsten, wie es ihren Lieben nach dem eigenen Tod ergehen wird. Die Umstände des eigenen Sterbens treten dabei in den Hintergrund. Frau K. war sich des Leidens bewusst, das sie unnötigerweise durchlitt und das sie noch erwartete. Aber sie war vollkommen in Frieden mit sich selbst und mit ihrer Entscheidung, dieses Leiden ihrem Sohn zuliebe auf sich zu nehmen.

Solche Beispiele gibt es viele. Sie ermutigen uns, in der Palliativmedizin viel Zeit und Energie in die Betreuung der Familie zu investieren. Im Durchschnitt verbringen spezialisierte ambulante Palliativteams sogar mehr Zeit mit den Angehörigen als mit dem Patienten.[3] Auch wenn diese Arbeit von den Krankenkassen viel zu gering honoriert wird: Sie ist außerordentlich wichtig, denn zum einen umfasst der Betreuungsauftrag der Palliativmedizin die Familie genauso wie die Patienten; zum anderen aber beeinflusst – aufgrund der beschriebenen Wertverschiebung – das psychologische Wohlbefinden der Familie unmittelbar die Lebensqualität des Patienten. Selbstbestimmung am Lebensende kann also auch bedeuten (und tut es oft), sich selbst nicht mehr ganz so wichtig zu nehmen.

Ambivalenz: Ein großes Hindernis

Frau G., 69 Jahre, litt schon seit zwei Jahren an der Muskelschwundkrankheit «amyotrophe Lateralsklerose» (ALS, s. Kap. 2). Mit ihrer Ehe stand es vor Ausbruch der Krankheit nicht zum Besten: Ihr Mann hatte eine außereheliche Beziehung, das Paar stand kurz vor der Scheidung. Nach der Diagnosestellung fühlte sich Herr G. verpflichtet, bei seiner Frau zu bleiben, war aber damit letztlich unglücklich. Auch seine Frau war mit der Situation unzufrieden, akzeptierte allerdings keine fremde Hilfe (z. B. Pflegedienst) und bestand darauf, dass nur ihr Mann sie pflegen dürfe. Dieser tat es dann, wenn auch widerwillig, wofür sie ihn regelmäßig kritisierte. Bei den Ambulanzbesuchen gab es immer wieder Streit, die Frau wurde depressiver und zurückgezogener, der Mann dafür aggressiv, so dass die Sozialarbeiterin bei der Teambesprechung die Frage aufwarf, ob er ihr nicht zum Schluss sogar etwas antun könnte. Da die Gefahr nicht unerheblich schien, wurde ein Gesprächstermin mit der Sozialarbeiterin vereinbart, in welchem die Frau ihren Wunsch äußern konnte, doch bitte in ein Pflegeheim aufgenommen zu werden.

Nach der Aufnahme veränderte sich die Beziehung der beiden Eheleute schlagartig. Sie gingen viel liebevoller miteinander um, der Mann besuchte seine Frau täglich, hatte aber auch Zeit für sich und konnte seine Rolle als Partner deutlich besser und zur beidseitigen Zufriedenheit erfüllen. Frau G. blühte im Heim regelrecht auf und verbrachte dort noch etwas mehr als ein Jahr bei guter Lebensqualität, ehe sie friedlich im Schlaf starb.

In diesem Fall zeigt sich eine Charakteristik, die sehr oft einer echten Selbstbestimmung im Weg steht: die Ambivalenz. Frau G. wollte eigentlich unbedingt zu Hause bleiben, aber das wurde ihr zusehends zur Last. Sie hatte starke unterdrückte Aggressionen gegen ihren Mann, ließ sich aber von niemand anderem pflegen. Für ihren Mann galt das Gleiche: Er empfand die Beziehung nur noch als Belastung, konnte sich aber aufgrund von Schuldgefühlen und sozialem Druck («Das ist jetzt deine Aufgabe, deine Frau zu pflegen, das wirst du ja wohl noch hinbekommen») nicht aus eigener Kraft aus der Situation lösen. Erst ein durch eine erfahrene Palliativ-Sozialarbeiterin moderiertes Gespräch brachte den Durchbruch.

Was der Fall auch zeigt: Sterben zu Hause ist kein Dogma. Für einige Menschen ist es gut, für andere nicht. Es kommt auf die Situation an. Aufgabe der Betreuenden sollte es immer sein, Schuldgefühle am Lebensende bei Patienten und Angehörigen direkt anzusprechen und sie nach Möglichkeit zu entschärfen. Es gibt etliche Angehörige, die nach dem Tod des Patienten sagen: «Hätte ich gewusst, was mich erwartet, hätte ich ihn nicht nach Hause genommen.» Dass in solchen Situationen der Spielraum für die Selbstbestimmung – sowohl des Patienten wie auch der Angehörigen – sehr gering ist, leuchtet Außenstehenden sofort ein. Aber wenn man in einer solchen Situation einmal drinsteckt, ist professionelle Hilfe fast immer dringend nötig, um verlorene Freiräume wieder zu eröffnen.

Der Wunsch, eine Spur zu hinterlassen

Ein Beispiel aus meiner eigenen Lebensgeschichte:

Als ich noch ein Kind war, hörte ich gerne den Erzählungen meines Großvaters zu. Er war als Kleinkind im italienischen Heimatdorf bei Verwandten zurückgelassen worden, als die übrige Familie (Vater, Mutter und jüngerer Bruder) nach Kalifornien auswanderte, wo sie nach dem Erdbeben von San Francisco auf Arbeit und bescheidenen Wohlstand hofften. Man schrieb das Jahr 1906. Der kleine Domenico, 1899 geboren und damit ganze 7 Jahre alt, litt sehr unter der Trennung von seiner Mutter. Irgendjemand hatte ihm gesagt, dass die damals ganz neuen Telegraphenmasten Nachrichten bis nach Amerika transportieren könnten. Also stieg Domenico jeden Abend auf den Mast hoch und flüsterte den Telegraphendrähten Grüße für seine Mutter nach Amerika zu.

Diese und andere Geschichten aus dem Leben meines Großvaters, der es als mittelloses Kind durch Stipendien und harte Arbeit nach seiner Rückkehr aus dem Ersten Weltkrieg zum Jurastudium und schließlich bis ins Präsidium des italienischen Arbeitgeberverbandes schaffte, faszinierten mich so sehr, dass ich ihn bat, sie doch für seine Enkel aufzuschreiben. Die Idee gefiel ihm gut, aber er fühlte sich zu alt und wandte ein, dass er sein Leben lang eher diktiert als selbst geschrieben habe. Kein Problem: Wir schenkten ihm ein Diktiergerät und er sprach seine Lebenserinnerungen auf Band. Kurz darauf starb er, im Alter von 84 Jahren, nicht ohne uns gesagt zu haben, wie dankbar er sei, uns seine Geschichte hinterlassen zu können. Meine Geschwister und ich ließen die Aufzeichnungen tippen und in Buchform drucken. Das Buch schenkten wir dann unserem Vater als Überraschung zu seinem 70. Geburtstag. Es war das erste Mal in meinem Leben, dass ich meinen Vater weinen sah.

Etwa 20 Jahre nach dieser Geschichte veröffentlichte der kanadische Psychiater Harvey Chochinov seine ersten Arbeiten zu dem, was er als «Dignity Therapy» (wörtlich übersetzt: «Würdetherapie») bezeichnet.[4] Bei seinen Untersuchungen über die Bedeutung des Begriffs «Sterben in Würde» hatte sich der Wunsch vieler Sterbender gezeigt, etwas Konkretes als Erinnerung für ihre Nachwelt zu hinterlassen. Aus dieser Beobachtung heraus entwickelte Dr. Chochinov eine Therapie, die darin besteht, dass den Schwerstkranken angeboten wird, ihre Lebensgeschichte einer geschulten Fachkraft zu erzählen. Als Hilfestellung dienen dabei Fragen wie: «Worauf sind Sie in Ihrem Leben besonders stolz? Was haben Sie in ihrem Leben gelernt, das Sie gerne anderen Menschen weitergeben würden? Gibt es Ratschläge oder Hinweise, die Sie gerne Ihren Kindern/Ihrem Ehepartner/Ihren Angehörigen mitgeben möchten?» Die Erzählung wird aufgenommen, getippt, von der Fachkraft wenn nötig redigiert und dem Patienten zur Korrektur und Freigabe zurückgegeben. Der Patient bestimmt selbst, wann und an wen das Dokument weitergegeben wird.

Patienten, die dieses Therapieangebot annehmen, zeigen eine Verbesserung ihrer Lebensqualität und ihres spirituellen Wohlbefindens.[5] Letzteres mag überraschen, aber es ist inzwischen bekannt, dass existentielles und spirituelles Wohlbefinden am Lebensende stark mit der Frage nach dem Lebenssinn verbunden sind. Und die Möglichkeit, etwas von sich selbst und seiner Lebensgeschichte den eigenen Nachkommen zu hinterlassen, kann offensichtlich für viele Menschen sinnstiftend wirken.

Was bedeutet das für die Frage nach der Selbstbestimmung? In der letzten Lebensphase vieler Menschen wird die Frage zunehmend wichtig, was sie ihrer Nachwelt, insbesondere ihren Angehörigen, hinterlassen werden. Dabei geht es nicht so sehr um Materielles (soweit die Existenzgrundlage der Familie gesichert ist), sondern vor allem um die positive Qualität der Erinnerung an den Verstorbenen. Deshalb kann eine solche Intervention für einige Menschen am Lebensende sehr hilfreich sein: Sie erlaubt ihnen, im Rückblick auf die eigene Biographie das weiterzugeben, was ihnen am wichtigsten ist.

Glaube versetzt Schmerzen

Herr F. war Anfang 40, als er an Bauchspeicheldrüsenkrebs erkrankte. Für diese Krankheit gibt es so gut wie keine Heilungsaussichten, zumal sie in seinem Fall schon bei Diagnosestellung weit fortgeschritten war. Leider verursacht die Krankheit aufgrund der Lage der Bauchspeicheldrüse im Oberbauch ziemlich heftige und oft schwer zu behandelnde Schmerzen. Herr F. willigte in eine kleine Operation ein, die durch eine Nervenblockade die Schmerzen verringern sollte. Er tat dies umso bereitwilliger, als er ansonsten alle Schmerzmedikamente rigoros ablehnte, die auch nur theoretisch zu einer Verringerung seines Bewusstseins hätten führen können. Das bedeutete, dass eine Therapie mit Morphin oder ähnlichen Medikamenten (Opioiden) bei Herrn K. nicht möglich war, was die schmerztherapeutischen Optionen deutlich einschränkte. Es war uns nicht möglich, ihn zu überzeugen, diese Medikamente doch wenigstens auszuprobieren (da Opioide bei richtiger Dosierung die Schmerzen in aller Regel wirksam lindern, ohne sedierend zu wirken). Der Einsatz von Schlaf- oder Beruhigungsmitteln war ebenfalls nicht möglich.

Die Begründung von Herrn F. für seine Einstellung war ungewöhnlich, aber nachvollziehbar. Er war seit vielen Jahren praktizierender Buddhist, und für Buddhisten ist die Klarheit des Geisteszustands im Augenblick des Todes ein ganz entscheidender Faktor.[6] Daher fiel es ihm nicht schwer, selbst starke Schmerzen mit bewunderungswürdiger Gelassenheit zu ertragen. Er war dem Team überaus dankbar für die Betreuung und bat wiederholt um Verständnis für seine, wie er sagte, «schmerztherapeutische Sturheit». Der Gedanke an den Tod schien für ihn nichts Bedrohliches zu haben. Er verbrachte die meiste Zeit beim Meditieren und starb trotz stärkster Schmerzen sehr friedlich. Sein Bewusstsein blieb klar bis zuletzt.

Es ist für Ärzte und Pflegende frustrierend, wenn Patienten ihre Hilfsangebote ablehnen – insbesondere dann, wenn eine große Wahrscheinlichkeit besteht, dass diese Angebote das Leiden des Patienten wirkungsvoll lindern könnten. In solchen Momenten fällt es schwer, die Patientenautonomie zu respektieren. Man muss in diesem speziellen Fall zugeben, dass Herr F. wirklich alles tat, um diese Frustration beim Team abzufangen: Er bedankte sich herzlich für die gute Pflege und entschuldigte sich mehrfach für seine Entscheidung, was er natürlich nicht hätte tun müssen. Er besaß eine ausgeprägte Fähigkeit zur Empathie, die ihm ermöglichte, sich in das Team einzufühlen und die Bedürfnisse der ihn Betreuenden zu erspüren. In dieser Hinsicht war Herr F. nicht nur ein Beispiel für eine besondere Form der Selbstbestimmung, sondern darüber hinaus ein wichtiger Lehrer für uns alle.

Ohne Kommunikation keine Selbstbestimmung

Herr J. war erst Mitte 30 und seit einem Jahr am Vollbild der Immunschwächekrankheit AIDS erkrankt. Trotz aller Therapien verschlechterte sich sein Zustand zusehends, und er wurde auf die Palliativstation aufgenommen. Sein Lebenspartner kümmerte sich rührend um ihn. Herr J. fürchtete sich nicht vor dem Tod, sein Problem lag ganz woanders. Nach anfänglichem Zögern erzählte er dem Palliativteam, dass seine Familie auf dem Dorf nichts von seiner Homosexualität, seinem Lebenspartner und seiner Krankheit wusste. Er bat darum, seinen zu Besuch kommenden Verwandten nichts davon zu erzählen. Wie zu erwarten war, ließ sich das nicht lange durchhalten. Die Wahrheit kam ans Licht, und für die nichtsahnende Familie war dies der größte denkbare Schock.

Wie sich herausstellte, hatten die Eltern dem Sohn Geld für den Kauf einer Eigentumswohnung gegeben und liefen Sturm bei dem Gedanken, dass die Wohnung dem Lebenspartner als Erbe zufallen sollte. Der nächste Streitpunkt betraf die Grabstätte. Der Sohn hatte sich schon einen Ort auf einem städtischen Friedhof ausgesucht, für die Familie war hingegen klar, dass er im Familiengrab auf dem Dorffriedhof bestattet werden sollte – und zwar ohne dass jemand davon erführe, was genau passiert war. Nun hatte Herr J. diese Entscheidung schon rechtsgültig seinem Lebenspartner übertragen, aber gleichzeitig als letzten Wunsch geäußert, er und seine Familie mögen sich doch miteinander versöhnen. Ein erstes Gespräch fand noch vor seinem Tod statt und brachte eine gewisse Annäherung. Die Familie versprach, den Wunsch von Herrn J. bezüglich seiner Grabstätte zu respektieren, was ihn sehr beruhigte. Auch nach seinem Tod kam es zu keiner offenen Konfrontation mehr. Es blieben aber tiefe seelische Wunden auf beiden Seiten zurück.

Es fällt auf den ersten Blick nicht schwer, die in den Augen der meisten Menschen «rückwärtsgewandte» Haltung der Familie zu verurteilen, die die Selbstbestimmung des Patienten hinsichtlich seiner sexuellen Orientierung, seines Erbes und sogar seines Begräbnisortes nicht akzeptieren wollte. Aber das wäre zu einseitig. Zu einer gelungenen wie zu einer misslungenen Kommunikation gehören nämlich zwei Seiten. Herr J. wusste um die konservative Haltung seiner Angehörigen; sie war genau der Grund, weshalb er ihnen – selbst nach Ausbruch der Krankheit – aus Angst vor ihrer Reaktion die Wahrheit über seine Lebenssituation verschwiegen hatte. Damit wurde jeder Möglichkeit für eine rechtzeitige Auseinandersetzung und Versöhnung der Boden entzogen. Am Ende war es dafür zu spät.

Schlussbemerkung

Diese Fallgeschichten werfen natürlich nur Schlaglichter auf einige wenige der unendlich vielen Facetten, die die Selbstbestimmung am Lebensende ausmachen. Sie stehen auch exemplarisch für die Vielfalt der existentiellen und spirituellen Zugänge zur Frage der Patientenautonomie, die wir als Ärzte in der heutigen multikulturellen Gesellschaft täglich erleben dürfen und die unseren begrenzten Horizont immer wieder erweitern. Diese Erfahrungen ermutigen uns, beim Gespräch mit Patienten und Familien immer wieder zu versuchen, auch und gerade für diese hochpersönlichen Aspekte einen angemessenen Raum zu schaffen.

Die geschilderten Fälle sind Einzelbeispiele für einige der wichtigsten spirituellen Traditionen, die uns heute im Alltag begegnen. Es ist klar, dass es nicht «den» Muslim oder «den» Katholiken gibt, so dass man sich vor Stereotypen hüten sollte. Es ist aber genauso klar, dass ein Verständnis der Besonderheiten der jeweiligen Kulturen und Traditionen äußerst hilfreich sein kann, wenn man mit den Menschen in einen echten Dialog über ihre Wünsche und Prioritäten für das Lebensende eintreten möchte.

So unterschiedlich sie auch sind, wenn man sich die Fälle in diesem Kapitel anschaut, lassen sich daraus einige allgemeine Schlussfolgerungen ziehen, die zum Nachdenken anregen können:

– Selbstbestimmung geschieht für jeden Einzelnen in einem komplexen Netz aus sozialen Beziehungen, psychologischen Befindlichkeiten, kulturellen Prägungen und spirituellen/religiösen Überzeugungen. Jede einzelne dieser Komponenten kann, je nach individueller Situation und

Lebensgeschichte, zu einem bestimmten Zeitpunkt die ausschlaggebende sein.

- Für viele Menschen sind Fragen wie «Welche Erinnerung wird von mir bleiben?» oder «Wie wird es meiner Familie nach meinem Tod ergehen?» wichtiger als die Frage, wie sie selbst ihre letzte Lebensphase verbringen möchten.
- Angst und Schuldgefühle sind ganz schlechte Ratgeber und gehören zu den größten Hindernissen für die Selbstbestimmung.
- Echte Selbstbestimmung ist ohne wahrhaftige Kommunikation nicht möglich.

10
Vorsorge für das Lebensende – Jenseits der Patientenverfügung

Fallbeispiel

Frau P., 91 Jahre alt, wohnte schon seit langem in einem Pflegeheim. Ihr Mann war vor zwei Jahren gestorben, und sie hatte es sich in ihrem Einzelzimmer gemütlich eingerichtet. Ihr ältester Sohn war Rechtsanwalt und hatte mit ihr über die Möglichkeit der Erstellung einer Patientenverfügung und einer Vorsorgevollmacht gesprochen. Nach anfänglichem Zögern hatte sie sich mit der Thematik näher befasst und sich darüber auch mit der Seelsorgerin des Heimes länger ausgetauscht. Sie wollte nicht ins Krankenhaus eingewiesen werden, schon gar nicht auf die Intensivstation, und wünschte sich einen friedlichen Tod in ihrem Zimmer im Heim. Das legte sie in ihrer Patientenverfügung fest. Ihrem Sohn stellte sie eine Vorsorgevollmacht aus.

Einige Wochen später verschlechterte sich der Zustand der alten Dame unerwartet. Sie bekam Fieber und leichte Atemnot, so dass sie das Bett nicht verlassen wollte. Ihre einzigen Worte zu den Pflegenden waren: «Lasst mich bitte in Ruhe.» Der für das Heim zuständige Arzt ordnete eine sofortige Krankenhauseinweisung wegen des Verdachts einer Lungenentzündung an. Eine Pflegerin erwähnte, dass Frau P. möglicherweise eine Patientenverfügung haben könnte, aber sie müsse erst danach suchen. Der Arzt erwiderte, er wisse davon nichts und es sei Gefahr im Verzug. Frau P. wurde ins Krankenhaus eingewiesen. Dort verschlechterte sich ihr Zustand weiter (wie sich später herausstellen sollte, aufgrund eines Krankenhauskeimes), sie musste auf die Intensivstation verlegt und künstlich beatmet werden.

Der Sohn der Patientin befand sich zu diesem Zeitpunkt im Ausland. Es dauerte eine Woche, bis ihn die Heimleitung kontaktieren konnte. Er kehrte sofort zurück und verlangte von den Krankenhausärzten unter Hinweis auf die Patientenverfügung seiner Mutter die sofortige Einstellung der Beatmung. Dabei vergriff er sich etwas im Tonfall, was den Oberarzt der Intensivstation dazu brachte, ihn zu fragen, ob er denn auf das Erbe der Mutter warte, da es ihm so eilig mit ihrem Tod sei. Er (der Arzt) wisse ja gar nicht, ob die Patientenverfügung echt sei, da könnte ja jeder kommen, und überhaupt sei eine Aussage wie «Ich will friedlich sterben» für ihn irrelevant, da sie zu unbestimmt sei. Der Sohn lief im Gesicht rot an und schrie den Arzt an, er werde ihn umgehend wegen Beleidigung und Körperverletzung anzeigen. Nur mit größter Mühe gelang es der zufällig anwesenden Palliativmedizinerin, eine weitere Eskalation zu vermeiden und ein Familiengespräch unter Einbeziehung der Heimpflegeleitung für den nächsten Tag zu vereinbaren. Dort konnte die Echtheit der Patientenverfügung geklärt und der mutmaßliche Wille der Patientin in Bezug auf die aktuelle Situation zweifelsfrei ermittelt werden. Die künstliche Beatmung wurde beendet, die Antibiotika-Therapie ebenso. Die alte Dame konnte sogar noch in ihr Zimmer ins Heim zurückverlegt werden, wo sie am Folgetag friedlich verstarb – so, wie sie es sich gewünscht hatte.

Vorsorgevollmacht und Patientenverfügung

Der Wunsch nach Kontrolle über das eigene Lebensende, verbunden mit der Angst vor dem «Ausgeliefertsein» an eine als menschenfeindlich empfundene «Apparatemedizin», ist eine der wichtigsten Triebfedern der Diskussion über die Autonomie am Lebensende. Das zunehmende Verlangen der Menschen nach Möglichkeiten, selbst zu bestimmen, welche medizinischen Maßnahmen am Ende ihres Lebens angewendet werden dürfen und welche nicht, hat dazu geführt, dass 2009 das in Kapitel 2 schon erwähnte Dritte Gesetz zur Änderung des Betreuungsrechts verabschiedet wurde, das sogenannte «Patientenverfügungsgesetz».[1] In diesem Gesetz wurden Wirksamkeit und Reichweite von Patientenverfügungen erstmals festgelegt. Das Instrument der Vorsorgevollmacht war schon im Jahr 1999 in das deutsche Betreuungsrecht eingeführt worden.

Die rechtlichen und praktischen Grundlagen für die Erstellung einer Vorsorgevollmacht und einer Patientenverfügung sind in *Über das Sterben* (Kapitel 8) ausführlich dargestellt. Nachfolgend werden die wichtigsten Punkte zusammengefasst. Anschließend werden die Erfahrungen mit diesen Vorsorgeinstrumenten in der Praxis beleuchtet und die Grenzen ihrer Anwendbarkeit diskutiert. Schließlich wird das Konzept des sogenannten «Advance Care Planning» als Möglichkeit zur Überwindung der aufgezeigten Grenzen vorgestellt.

Vorsorgevollmacht

Die Vorsorgevollmacht ist in der Praxis deutlich wichtiger als die Patientenverfügung. Sie gibt dem behandelnden Arzt einen klaren Gesprächspartner an, der befugt ist, für den Patienten zu entscheiden, und sie stellt Rechtssicherheit für alle Beteiligten her. Vor allem aber: Ihre Erstellung setzt normalerweise einen Dialog voraus, nämlich den zwischen Vollmachtgeber und Bevollmächtigtem. Es ist in aller Regel davon auszugehen, dass der Bevollmächtigte zum einen das volle Vertrauen des Vollmachtgebers genießt und zum anderen (hoffentlich) mit ihm über seine Wünsche und Ängste in Bezug auf das Lebensende gesprochen hat.

Eine Patientenverfügung zu verfassen ist nicht jedermanns Sache. Manche Menschen möchten sich mit diesen Fragen nicht befassen und vertrauen darauf, dass am Lebensende «alles schon irgendwie gut» gehen wird, was völlig legitim ist. Allerdings sind auch nicht wenige Menschen der Meinung, dass im Zweifelsfall Ehefrau oder Kinder entscheidungsberechtigt sind, was in Deutschland (anders als in der Schweiz) nicht der Fall ist. Ohne Vollmacht besteht das konkrete Risiko, dass in einer Akutsituation vom Gericht ein Berufsbetreuer eingesetzt wird, der den Patienten vorher nie gesehen hat. Wenn man auf diese Gefahr aufmerksam macht, entscheiden sich die meisten Menschen spontan dazu, eine Vorsorgevollmacht auszustellen. Und in der Tat: Wer das Glück besitzt, in seinem Leben mindestens einen Menschen zu haben, dem er so vertraut, dass er ihm oder ihr die Entscheidungen im Fall der eigenen Entscheidungsunfähigkeit überlassen möchte – und der seinerseits bereit ist, diese Aufgabe zu übernehmen –, *der handelt irrational, wenn er diesem Menschen nicht noch am heutigen Tag eine Vorsorgevollmacht ausstellt.* Denn was morgen sein wird, wissen wir nicht.

Patientenverfügung

Es kann nicht oft genug wiederholt werden: Eine Patientenverfügung ist eine *direkte Anweisung eines Patienten an seinen zukünftigen Arzt*. In einer Patientenverfügung legt der Verfasser nieder, welche medizinischen Maßnahmen er in bestimmten, genau definierten Situationen am Lebensende für sich wünscht, und vor allem, welche er ablehnt. Die Unterscheidung ist wichtig, denn Therapie*wünsche* sind für den Arzt aufgrund des Vorrangs der medizinischen Indikation (s. Kap. 2) nicht bindend, Therapie*ablehnungen* hingegen schon, und zwar ohne jede Notwendigkeit einer Begründung.

Es liegt auf der Hand, dass man als Gesunder unmöglich alle denkbaren zukünftigen medizinischen Konstellationen in einem Dokument zusammenfassen kann. Daher wurden von verschiedenen öffentlichen und privaten Institutionen Formulare entwickelt,[2] welche die wichtigsten Situationen am Lebensende zusammenfassen, für die Menschen in der Regel vorsorgen möchten: schwere Hirnschädigung (z. B. durch Schlaganfall), Wachkoma, fortgeschrittene Demenz, Endstadium einer tödlichen Erkrankung, unmittelbarer Sterbeprozess. Die Erwähnung des Sterbeprozesses ist eigentlich unnötig, weil es hierzu klare Grundsätze der Bundesärztekammer gibt.[3] Sie ist aber leider in der Praxis doch gelegentlich hilfreich, weil die meisten heute tätigen Ärzte keine Ausbildung im Fach Palliativmedizin erhalten haben (s. unten).

Kritiker erheben immer wieder den Einwand, man dürfe einfachen «Ankreuzformularen» keine so hohe Entscheidungskraft am Lebensende zubilligen, weil diese oft oberflächlich und in Unkenntnis ihrer im Ernstfall weitreichenden Konsequenzen ausgefüllt würden. Dieser Einwand ist nicht unerheblich, ihm haftet aber etwas Paternalistisches an. Denn grundsätzlich bleibt es der Entscheidung jedes Einzelnen überlassen, welche Form er für seine Patientenverfügung wählt. Unbedingt zu empfehlen ist allerdings eine ausführliche Beratung durch den Hausarzt vor der Erstellung einer Patientenverfügung. Dadurch können unklare Formulierungen vermieden werden, und der Hausarzt kann im Akutfall ein wertvoller Ansprechpartner für die behandelnden Ärzte bei Fragen der Interpretation der Patientenverfügung sein. Wenn ich Patienten dazu berate, wiederhole ich immer wieder diesen Satz: «Nehmen Sie Ihre Patientenverfügung nicht auf die leichte Schulter. Sie müssen davon ausgehen, dass sie im Ernstfall befolgt wird.»

Wer sich intensiver mit dem Thema befassen möchte, kann seine Patientenverfügung frei formulieren. Eine Hilfe hierzu bieten medizinisch und juristisch geprüfte Textbausteine, wie sie das Bundesjustizministerium zusammengestellt hat.[4] Auch hier empfiehlt sich die hausärztliche Beratung sehr. Unerlässlich wird sie im Fall einer schweren Krankheit. Hier entspricht die Patientenverfügung eher einem gemeinsam abgestimmten Notfallplan, der bis hin zu genauen Dosierungsanleitungen für den Notarzt gehen kann.[2]

Bisherige Erfahrungen

Die bisherigen Erfahrungen mit dem neuen Gesetz zur Patientenverfügung sind ermutigend.[5] Befürchtete Missbräuche sind weitestgehend ausgeblieben. Die Anzahl der Patientenverfügungen in Deutschland hat sich deutlich gesteigert: Nach einer Umfrage des Deutschen Hospiz- und Palliativverbands (DHPV) aus dem Jahr 2012 gaben 42 Prozent der über Sechzigjährigen an, eine eigene Patientenverfügung verfasst zu haben.[6] Die Tendenz ist hier eindeutig steigend. In den Altersstufen, in denen sich mit Abstand die meisten Todesfälle ereignen, besitzt jetzt schon die Mehrheit der Bundesbürger eine Patientenverfügung.[7] Das Bewusstsein für die Bedeutung einer Vorsorgeplanung für das Lebensende scheint sich in der Bevölkerung zunehmend gefestigt zu haben.

Auch in Bereichen des Gesundheitssystems, die anfangs dem Konzept der Patientenverfügung eher skeptisch gegenüberstanden, wie beispielsweise die Notärzte, lassen sich Anzeichen für ein Umdenken beobachten. Ein erfahrener Notarzt stellte kürzlich bei einem Vortrag fest, dass es früher geheißen habe: «Es gibt in einer Notfallsituation keinen Grund, eine Patientenverfügung zu beachten.» Heute müsse man aber klar sagen: «Es gibt in einer Notfallsituation keinen Grund, eine Patientenverfügung *nicht* zu beachten.» Diese Kehrtwende ist sicher auch Ausdruck eines veränderten gesellschaftlichen Bewusstseins in Bezug auf das Lebensende, das eigenmächtige ärztliche Eingriffe nach Möglichkeit vermeiden will. Inzwischen wurden auch verschiedene Formen von «Notfallverfügungen» entwickelt und ausprobiert, die es im Ernstfall dem Notarzt erlauben sollen, sich einen raschen Überblick über die Krankheitssituation und den Patientenwillen zu verschaffen, bevor Wiederbelebungsmaßnahmen eingeleitet werden.[8]

Grenzen der Patientenverfügung

In den letzten Jahren haben sich zunehmend kritische Stimmen gemeldet, die Zweifel an der Wirksamkeit von Patientenverfügungen in Krisensituationen äußern. Die Kritiker wenden unter anderem ein, Patientenverfügungen seien

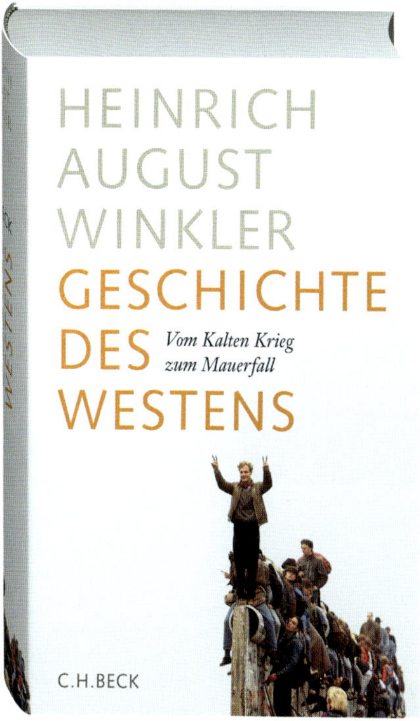

Ca. 1.272 S. Ln. ca. € 39,95
ISBN 978-3-406-66984-2

Mit dem Fall der Mauer vor 25 Jahren ging ein Zeitalter zu Ende. Heinrich August Winklers *Geschichte des Westens* stellt die dramatischen Ereignisse von 1989 in einen großen weltgeschichtlichen Zusammenhang und schildert meisterhaft die ereignisreichen Jahrzehnte vom Ende des Zweiten Weltkriegs bis zum Untergang der Sowjetunion. Der Band macht deutlich, wie nahe uns die Epochenwende von 1989 bis 1991 immer noch ist: Damals wurden die Grundlagen unserer Gegenwart gelegt.

Mit dem Sturm auf die Bastille im Juli 1789 nahm eine Revolution ihren Anfang, die eine ganze Welt aus den Angeln heben sollte. Johannes Willms, einer der besten Kenner der Revolutionsepoche, schildert, erklärt und analysiert Personen, Kräfte und Motive.

Ca. 820 S., ca. 40 Abb. Geb. ca. € 29,95
ISBN 978-3-406-66936-1

Die legendäre Verteidigung des Meierhofs *La Haye Sainte* durch die King's German Legion am Nachmittag des 18. Juni 1815 war der Wendepunkt der Schlacht von Waterloo. Brendan Simms liefert eine dichte Beschreibung der blutigen und brisanten Stunden.

Aus dem Englischen von Wiebke Meier.
Ca. 192 S., ca. 10 Abb. Geb. ca. € 17,95
ISBN 978-3-406-67003-9

Aus dem Englischen von Ruth Keen und Erhard Stölting. Ca. 800 S., ca. 20 Abb. Geb. ca. € 29,95
ISBN 978-3-406-67123-4

Adam Zamoyski entfaltet ein fulminantes historisches Panorama, das bestechende Analysen der Politik ebenso bietet wie intime Einblicke in das frivole Leben hinter den höfischen Kulissen.

„Ein exquisites Beispiel für erzählende Geschichte.“
Christopher Clark, Literary Review

Ca. 256 S., ca. 20 Abb. Geb. ca. € 19,95
ISBN 978-3-406-67055-8

Goethe war kein Freund der Französischen Revolution. Er nannte sie „das schrecklichste aller Ereignisse“ und erklärte: „Ihre Greuel standen mir zu nahe.“ Gustav Seibt zeigt, wie wörtlich das zu verstehen ist, und führt uns mitten hinein in die Belagerung von Mainz 1793, die Goethe als Augenzeuge und als Handelnder miterlebte.

Die christliche Kultur ist der Schlüssel zum Verständnis des Abendlands. Jörg Lauster zeigt, wie sie seit der Antike nicht nur die Künste, sondern auch das Zusammenleben, Wirtschaften und Herrschen vor allem in Europa zutiefst geprägt hat.

Ca. 752 S., ca. 80 Abb. Ln. ca. € 34,95
ISBN 978-3-406-66664-3

Erst nach seiner Verbannung aus Florenz wurde Dante Alighieri zum Schöpfer des größten Weltgedichts der abendländischen Literatur. Karlheinz Stierle zeichnet die Entwicklung Dantes nach und zeigt eindringlich, wie er das Trauma des Exils durch die *Göttliche Komödie* zu überwinden suchte.

Ca. 256 S., ca. 15 Abb. Geb. ca. € 22,95
ISBN 978-3-406-66816-6

War der Marquis de Sade ein Sadist, Verbrecher und Geisteskranker oder ein Aufklärer, ja ein Vorkämpfer gegen Triebunterdrückung und scheinheilige Moral? Volker Reinhardt legt das wahre Leben des südfranzösischen Adeligen hinter den zahlreichen Mythen und Bildern frei.

464 S., 60 Abb., 1 Karte. Ln. € 26,95
ISBN 978-3-406-66515-8

Navid Kermani lässt auf faszinierende Weise die vertrauten Grenzen zwischen Orient und Okzident verschwinden. Selten zuvor ist so elegant – und politisch so aktuell – demonstriert worden, was Weltliteratur ist.

Ca. 352 S. Geb. ca. € 24,95
ISBN 978-3-406-66662-9

Menschen des späten Mittelalters, die sonst in keiner historischen Quelle zu Wort kämen, erzählen ihre kleinen Schicksale. Sie schreiben an den Papst und bitten um Beistand: Da geht es um Liebe und Tod, Krieg und Pest, Condottieri und Piraten, Pilgerfahrten und Hexenritte.

Ca. 540 S. Geb. ca. € 29,95
ISBN 978-3-406-66770-1

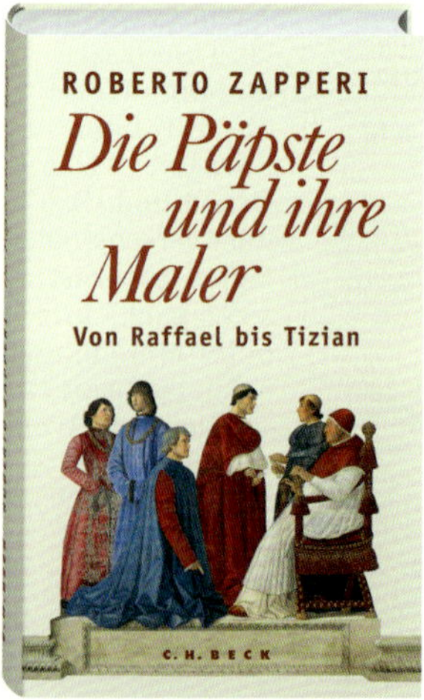

Roberto Zapperi deckt die verborgenen Motive hinter den Papst-Bildnissen der Renaissance auf. Zugleich entlarvt er die Künstler, die diese Motive häufig unterliefen und in ihren Bildern die dunklen Seiten der Macht zum Vorschein brachten.

Aus dem Italienischen von Ingeborg Walter.
Ca. 256 S., ca. 40 Abb., davon 16 in Farbe.
Geb. ca. € 24,95 ISBN 978-3-406-66976-7

Hermann Parzinger bietet erstmals ein weltgeschichtliches Panorama der Frühzeit – einen wahrhaft atemberaubenden Überblick von den Anfängen der Menschwerdung vor 5 Millionen Jahren bis zur Entstehung der frühen Hochkulturen vor wenigen Jahrtausenden.

Ca. 800 S., ca. 120 Abb., davon ca. 60 in Farbe, 20 Karten. Ln. ca. € 39,95
ISBN 978-3-406-66657-5

Israel Finkelstein beschreibt in seinem bahnbrechenden Buch die Geschichte des Königreichs Israel konsequent aus archäologischer Sicht. In diesem vom 10. bis zum 8. Jahrhundert v. Chr. bestehenden, von der Bibel als sündig verworfenen Reich findet er die wahren Ursprünge von zentralen biblischen Erzählungen.

Aus dem Englischen von Rita Seuß.
240 S., 39 Abb. Geb. € 22,95
ISBN 978-3-406-66960-6

Der Schatz der Marienlieder ist voll romantischen Zaubers. Hermann Kurzke und Christiane Schäfer zeigen an den Entstehungs-, Fassungs- und Wirkungsgeschichten von zwölf großen Liedern die Wandlungen des Mythos Maria vom Mittelalter bis zur Gegenwart.

Ca. 368 S., ca. 120 Abb. Geb. ca. € 24,95
ISBN 978-3-406-66956-9

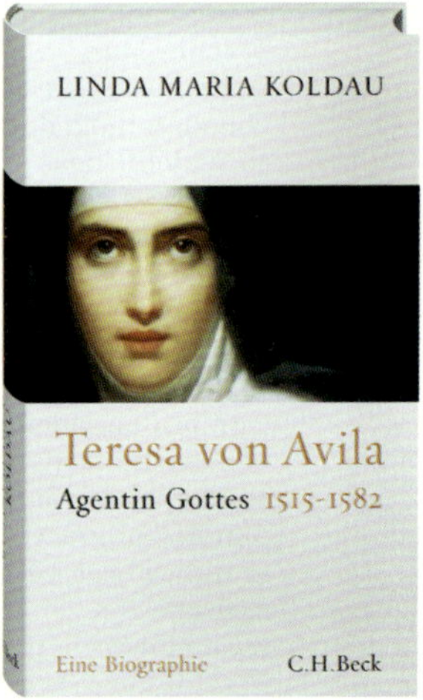

Linda Maria Koldau erzählt lebendig und farbig den Lebensweg Teresas von Avila: von der kränklichen Halbwaisen, die gegen den Willen des Vaters in ein Kloster eintritt, bis hin zu der großen Visionärin und Ordensgründerin, die ihre Autobiographie verfasst und sich gegen Papst und Inquisition behauptet.

320 S., 37 Abb., 2 Ktn. Geb. ca. € 24,95
ISBN 978-3-406-66870-8

364 S., 29 Abb. Geb. ca. € 26,95
ISBN 978-3-406-66684-1

Johann Hinrich Claussen erzählt die Geschichte der Kirchenmusik von den frühchristlichen Hymnen über den Gregorianischen Choral und die klassischen Werke von Bach, Händel oder Mozart bis hin zum Gospel im 20. Jahrhundert.

356 S. Geb. € 26,95
ISBN 978-3-406-66934-7

Auf dem Markt der Deutungsangebote haben die Religionen wieder Hochkonjunktur. Volker Gerhardt bietet dafür eine auf den ersten Blick paradoxe philosophische Erklärung: Das sich ständig vermehrende Wissen bedarf der Ergänzung durch den Glauben.

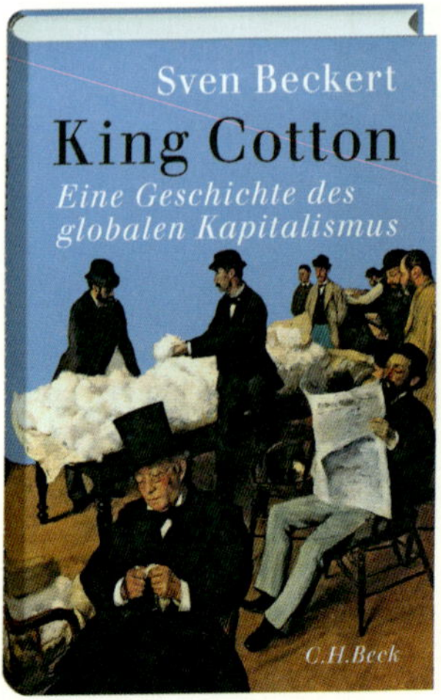

Ca. 544 S., ca. 90 Abb. Geb. ca. € 29,95
ISBN 978-3-406-65921-8

Vor mehr als 250 Jahren wurde das Reich errichtet, in dem King Cotton herrscht. Ein neues ökonomisches Prinzip begann seinen Siegeszug. Sven Beckert schildert die Geschichte des Kapitalismus im Spiegel eines Produktes, das heute jeder von uns am Leibe trägt – der Baumwolle.

Ca. 320 S., ca. 25 Abb. Geb. ca. € 24,95
ISBN 978-3-406-65996-6

Hat die Ehe noch eine Zukunft? Angesichts der wachsenden Popularität nichtehelicher Lebensgemeinschaften scheint Skepsis angebracht. Monika Wienfort verfolgt die Geschichte der Ehe als Rechtsinstitut und Lebensform seit dem Aufkommen der Liebesehe im späten 18. Jahrhundert.

Ca. 352 S., ca. 30 Abb. Geb. ca. € 24,95
ISBN 978-3-406-66889-0

50 Jahre nach Churchills Tod lotet Thomas Kielingers Biographie die anhaltende Faszination dieses großen Mannes neu aus. Er erzählt das bewegende Leben dieser Jahrhundertgestalt mit kritischer Bewunderung und narrativem Glanz.

Ca. 240 S., ca. 12 Abb. Geb. ca. € 24,95
ISBN 978-3-406-66958-3

Einer der intellektuell aufregendsten Orte der alten Bundesrepublik war das 1981 gegründete Wissenschaftskolleg zu Berlin. Uwe Pörksen gehörte zu den Fellows des ersten Jahrgangs. Gestützt auf sein Tagebuch, erzählt er anekdotenreich von der illustren Runde am Berliner Halensee und porträtiert mit milder Ironie ihre Protagonisten.

Ca. 352 S., ca. 30 Abb. Geb. ca. € 22,95
ISBN 978-3-406-66962-0

Das Leben von Alma Mahler-Werfel war ein Reigen an der Seite berühmter Männer. Susanne Rode-Breymann entwirft ein differenziertes und faires Bild dieser faszinierenden Frau, die es verstand, sich immer wieder neu zu erfinden.

Ca. 350 S. Geb. ca. € 29,95
ISBN 978-3-406-66790-9

Dietrich Geyer stellt die Anfänge der Psychiatrie in Deutschland dar. Zwei Entwicklungslinien treten dabei hervor: die eine führt von der *Erfahrungsseelenkunde* zur naturwissenschaftlich fundierten *Psychiatrie*. Die andere führt von den *Narrenkästen* der mittelalterlichen Städte zu den *Heil- und Pflegeanstalten* des neunzehnten Jahrhunderts.

Anatol Regnier, Sohn von Charles Regnier und Pamela Wedekind, Enkel Frank Wedekinds, beleuchtet hier die Schicksale von Menschen, die aus berühmten Familien stammen und angesichts bedeutender Vorfahren einen eigenen Weg finden müssen.

Ca. 320 S., ca. 10 Abb. Geb. ca. € 22,95
ISBN 978-3-406-66792-3

Wie Ludwig I. seinen Architekten Leo von Klenze regelrechte Tempel entwerfen, seine Künstler wahre Meisterwerke schaffen ließ und wie er selbst seine Haupt- und Residenzstadt München zu einer Kunstmetropole von europäischem Rang formte – das erzählt dieses spannende und unterhaltsame Buch.

Ca. 224 S., ca. 40 Abb. Geb. ca. € 24,95
ISBN 978-3-406-67015-2

Aus dem Englischen von Thomas Atzert und Andreas Wirthensohn. Ca. 448 S.
Geb. ca. € 29,95
ISBN 978-3-406-67029-9

Indien hat eine erstaunliche wirtschaftliche und politische Erfolgsgeschichte vorzuweisen. Zugleich herrschen krasse soziale Ungleichheit und großes Elend in den Unterschichten vor. Amartya Sen und Jean Drèze gehen in ihrer brillanten Analyse den Ursachen dieser Widersprüchlichkeiten auf den Grund.

Ca. 336 S., ca. 24 Abb. Geb. ca. € 24,95
ISBN 978-3-406-67017-6

György Dalos verfolgt in seinem neuesten Werk die Schicksalswege einer deutschen Minderheit in Russland. Dorthin waren seit der Mitte des 18. Jahrhunderts viele Deutsche mit ihren Familien aufgebrochen, die in ihrer Heimat keine Zukunft für sich sahen.

Schlotternd vor Angst, steht er vor dem Traualtar und möchte am liebsten im Erdboden versinken – eine so schreckliche wie komische Situation, die man seinem ärgsten Feind nicht wünscht! Scott Stossel führt uns anhand seiner eigenen Leidensgeschichte durch das Universum der Ängste, Phobien und Panikattacken.

Aus dem Englischen von Anne Emmert.
Ca. 460 S. Geb. ca. € 24,95
ISBN 978-3-406-66761-9

Viren sind, wie Karin Mölling zeigt, keineswegs nur Feinde: Sie leisten zu unserer Entwicklung und Gesundheit wesentliche Beiträge. Selbst unser Erbgut besteht zur Hälfte aus – Viren.

Ca. 320 S., ca. 15 Abb. Geb. ca. € 24,95
ISBN 978-3-406-66969-9

Ca. 208 S., ca. 10 Abb.
Geb. ca. € 17,95
ISBN 978-3-406-66862-3

selbst bestimmt sterben ist ein Buch, das zum Nachdenken über die eigene Einstellung zum Leben und zum Sterben anregt. Es bietet keine Patentrezepte – wohl aber konkrete Hinweise darauf, wie man sich auf die letzte Lebensphase so vorbereiten kann, dass sie den eigenen Wünschen entspricht. Gian Domenico Borasio erläutert in klar verständlicher Sprache, worauf es auf dem Weg zu einem selbstbestimmten Lebensende wirklich ankommt.

Aus dem Französischen von Ilse Utz und Stefan Lorenzer.
Ca. 912 S. Geb. ca. € 29,95 ISBN 978-3-406-67131-9

In *Das Kapital im 21. Jahrhundert* untersucht Thomas Piketty Daten aus 20 Ländern, mit Rückgriffen bis ins 18. Jahrhundert, um die entscheidenden ökonomischen und sozialen Muster freizulegen. Seine Ergebnisse werden die Debatte verändern und setzen die Agenda für eine neue Diskussion über Wohlstand und Ungleichheit in der nächsten Generation.

„Dieses Buch wird die Ökonomie verändern und mit ihr die ganze Welt."
Paul Krugman, New York Review of Books

Die Titel in diesem Prospekt sind großteils auch als eBook erhältlich!

– wenig verbreitet,
– bei Bedarf nicht zur Hand,
– selten aussagekräftig,
– von fragwürdiger Gültigkeit und
– blieben vom medizinischen Personal häufig unbeachtet.[9]

Der erste Einwand scheint nicht so richtig zuzutreffen, wenn man die oben zitierten Umfragen betrachtet. Aber die anderen Argumente sind bedenkenswert. Sie betreffen zum einen die inhaltliche, zum anderen die praktische Ebene, sprich die Umsetzung der Patientenverfügung dann, wenn sie gebraucht wird.

Zunächst zur Praxis: Es stimmt, dass Patientenverfügungen oft gerade dann unauffindbar sind, wenn sie in einer Akutsituation dringend benötigt werden (s. Fallbeispiel oben). Das hat unter anderem dazu geführt, dass bei der Bundesnotarkammer ein (kostenpflichtiges) «Zentrales Vorsorgeregister» aufgebaut wurde, in welchem jeder seine Vorsorgevollmacht und/oder Patientenverfügung registrieren kann (www.vorsorgeregister.de). Leider kann man in diesem Register bisher (Stand: August 2014) nur angeben, ob man eine Patientenverfügung erstellt hat oder nicht, deren Inhalt lässt sich nicht speichern. Auch können Ärzte nicht auf diese Informationen zugreifen, sondern nur die Betreuungsgerichte. Es wird inzwischen überlegt, die Existenz oder sogar den Inhalt einer Patientenverfügung in die zukünftigen elektronischen Gesundheits-Karten aufzunehmen (in der Schweiz ist dies heute schon möglich).

In der Praxis am wichtigsten ist aber die Koppelung einer Patientenverfügung mit einer Vorsorgevollmacht, wobei der Bevollmächtigte im Besitz der Originale beider Dokumente sein sollte. Wissenschaftliche Untersuchungen zeigen, dass die Umsetzung einer Patientenverfügung umso wahrscheinlicher ist, wenn diese *mit einer Vorsorgevollmacht gekoppelt und mit dem Hausarzt vorab besprochen wurde.*[10] Dann steigt nämlich auch die Wahrscheinlichkeit, dass die behandelnden Ärzte die Patientenverfügung ernst nehmen – was sie allerdings spätestens nach dem neuen Gesetz von 2009 ohnehin tun sollten, wenn sie kein juristisches Risiko eingehen möchten. Denn jede ärztliche Maßnahme, die trotz einer (auch vorausverfügten) Ablehnung des Patienten durchgeführt wird, ist eine strafbare Körperverletzung.

Nun zur inhaltlichen Ebene, das heißt zu den Einwänden bezüglich Aussagekraft und Gültigkeit von Patientenverfügungen. Ein grundsätzliches Problem der Patientenverfügung besteht darin, dass sie oft verfasst wird, weil Menschen qualvolle Todesverläufe in ihrem sozialen Umfeld aufgrund unzureichender Palliativbetreuung oder Übertherapie erlebt haben und sich verständlicherweise wünschen, dass ihnen ein solches Schicksal erspart bleibt. Da wird dann gelegentlich übers Ziel hinausgeschossen («Ich lehne jede Form von medizinischer Behandlung in der Sterbephase ab»), oder es werden Formulierungen verwendet wie «Ich lehne Apparatemedizin beim Sterben ab», «Ich möchte nicht mehr künstlich am Leben erhalten werden, wenn mein Sterben absehbar ist und ich nur noch leide» oder gar «Ich möchte einfach nur friedlich sterben» (alles Zitate aus real existierenden Verfügungen). Solche Sätze können im Zweifelsfall für Ärzte nicht handlungsleitend sein, weil sie zu unbestimmt sind. Sie deswegen pauschal als wertlos einzuschätzen ist allerdings nicht statthaft. In einer Situation, in der ein Patient nicht mehr selbst entscheiden kann, haben Arzt und Patientenvertreter (Betreuer oder Bevollmächtigter) nach dem neuen Gesetz die *ge-*

meinsame Aufgabe, den mutmaßlichen Willen des Patienten zu ermitteln. Hierfür ist eine Patientenverfügung, auch wenn sie aufgrund ihrer Unbestimmtheit nicht direkt angewendet werden kann, ein sehr wertvoller Hinweis (wie im Fallbeispiel zu sehen ist).

In vielen Fällen drängt sich beim Durchlesen von Vorausverfügungen der Eindruck auf, dass die Menschen vor allem versuchen, sich durch ihre Patientenverfügung vor ärztlichen Kunstfehlern und Übertherapie am Lebensende zu schützen. Das ist verständlich, aber nicht der Sinn der Übung: Eine Patientenverfügung sollte nicht primär dazu dienen, medizinisch nicht indizierte Behandlungen in der Sterbephase zu verhindern. Dass dies dennoch heute teilweise notwendig ist, ist ein Armutszeugnis für unser Gesundheitssystem. *Eine Gesellschaft schützt sich nicht vor ärztlichen Fehlern, indem sie Patientenverfügungen propagiert, sondern indem sie bessere Ärzte hervorbringt.* Der beste Schutz vor ärztlichen Kunstfehlern und Übertherapie am Lebensende ist eine bessere Aus-, Fort- und Weiterbildung aller Ärzte in Palliativmedizin.[11]

Im Grunde genommen könnte man sogar sagen, dass in einem gut funktionierenden Gesundheitssystem, in dem alle Ärzte über ausreichende palliativmedizinische Kenntnisse und gesunden Menschenverstand verfügen, um unnötige Therapien am Lebensende gar nicht erst anzubieten oder einzuleiten, die Patientenverfügung nur eine marginale Rolle spielen würde. Sie wäre nämlich hauptsächlich für diejenigen Menschen von Bedeutung, die aufgrund beispielsweise religiöser Überzeugungen medizinisch eindeutig indizierte Maßnahmen ablehnen. Das bekannteste Beispiel hierfür ist die Ablehnung von Bluttransfusionen durch Angehörige der Zeugen Jehovas, selbst wenn dies den Tod zur Folge hat.

Die 29-jährige Patientin war im vierten Monat schwanger. Sie hatte schon seit Anfang der Schwangerschaft unter Blutungen gelitten, diese hatten aber im Verlauf zugenommen. Als sie in die Klinik kam, legte sie eine Patientenverfügung vor, in der sie als Zeugin Jehovas Bluttransfusionen auch bei Gefahr für Leib und Leben ablehnte. Ihr Zustand verschlechterte sich zusehends, aber sie beharrte weiter auf ihrer Ablehnung. Als sie bewusstlos wurde, bekräftigte ihr Ehemann, der von ihr als Bevollmächtigter benannt worden war, ihre Entscheidung. Die Patientin starb wenig später.[12]

Eine solche Entscheidung zu akzeptieren fällt jedem Menschen schwer. Für Ärzte und Pflegende ist es furchtbar, mit ansehen zu müssen, wie eine junge, schwangere Frau stirbt, die mit hoher Wahrscheinlichkeit durch eine Bluttransfusion gerettet werden könnte. Der Respekt vor der Selbstbestimmung des Anderen ist aber genau dann wirklich gefordert, wenn seine Entscheidung nicht im Einklang mit unseren eigenen Wertvorstellungen steht.[13]

Warum es doch Sinn macht

Trotz der aufgezeigten Einschränkungen macht die Erstellung einer Patientenverfügung fast immer viel Sinn – allerdings weniger wegen des am Ende vorhandenen Dokuments, sondern wegen des Prozesses, der dahin führt. Zu diesem Prozess gehört zuallererst die Auseinandersetzung des Verfassers der Patientenverfügung mit seinen eigenen Wünschen, Ängsten und Sorgen in Bezug auf sein Lebensende. Da dieser Bereich für viele Menschen ein Tabu darstellt, bedarf es oft einer gewissen Anstrengung, um sich diesen Überlegungen zu widmen. Die Erstellung einer sogenannten *Werteanamnese* kann hierfür hilfreich sein. Hinter dem etwas sperrigen Wort verbirgt sich eine durch gezielte Fragen erleichterte Niederschrift der eigenen Wertvorstellungen, ethischen Prinzipien und Wünsche für die letzte Lebensphase.[14] Diese dient zum einen der Präzisierung der eigenen Position, mit dem wichtigen Nebeneffekt, dass man sich selbst dabei Rechenschaft über das bisherige Leben gibt. Zum anderen kann die Werteanamnese eine unschätzbare Hilfe für den Bevollmächtigten und den behandelnden Arzt sein, um in Grenzsituationen im Sinne des Patienten zu entscheiden. Dabei kommt es immer auf den Dialog an.

Herr T., 81 Jahre alt, pensionierter Beamter, litt seit über 20 Jahren an Zuckerkrankheit (Diabetes). Er bemühte sich sehr, seine Blutzuckerwerte mittels regelmäßiger Insulinspritzen unter Kontrolle zu halten. Die Erreichung dieses Zieles wurde aber leider durch seinen Hang zum Süßen (samt resultierendem Übergewicht) und seine Unwilligkeit zu regelmäßiger Bewegung deutlich erschwert. Der Zustand seiner Blutgefäße verschlechterte sich über die Jahre, er hatte Durchblutungsstörungen in beiden Beinen und schon einen Herzinfarkt erlitten. Nun war es erstmals zu einer Durchblutungsstörung im Gehirn, einem kleinen Schlaganfall, gekommen. Die Lähmungserscheinungen im linken Arm und Gesicht bildeten sich zwar innerhalb von drei Tagen fast vollständig zurück, aber der Schreck blieb. Herr T., der bis dahin jedes Gespräch über den Tod sorgfältig gemieden hatte, bat seinen Hausarzt um einen Beratungstermin zur Erstellung einer Patientenverfügung. Zum Termin erschien er mit seiner Ehefrau und stellte dem Arzt eine ganze Reihe von Fragen, die er sich penibel aufgeschrieben hatte. Der Arzt antwortete geduldig, nicht ohne darauf hinzuweisen, dass er dies nur aus Freundschaft zu seinem langjährigen Patienten tue, da es für diese zeitaufwendige Beratung keine adäquate Entlohnung seitens der Krankenkassen gibt.

Am darauffolgenden Wochenende bat Herr T. seine zwei Kinder und seine drei schon erwachsenen Enkelkinder zum Familiengespräch. Er erläuterte ihnen ausführlich, welche Gedanken er sich über sein Leben und seinen Tod gemacht und weshalb er beschlossen habe, eine Vorsorgevollmacht nicht für seine Frau, sondern für seine Tochter auszustellen, die von Beruf Krankenschwester war. Er sagte, dass er für die Erstellung der Dokumente noch einige Tage brauchen werde, weil er sich die Formulierungen genau überlegen wolle. Noch in derselben Nacht erlitt Herr T. einen schweren Schlaganfall und wurde notfallmäßig in die Klinik gebracht. Er war nicht kontaktfähig, eine Patientenverfügung gab es nicht. Die Frage einer neurochirurgischen Operation mit ungewissem Ausgang stand im Raum. Die Familie berichtete den behandelnden Ärzten über das Gespräch und die Wünsche von Herrn T., die sich genau auf eine solche Situation bezogen hatten. Der telefonisch kontaktierte Hausarzt bestätigte dies. Die Operation fand nicht statt. Herr T. wurde auf die Palliativstation verlegt, wo er tags darauf friedlich verstarb.

Wie das Fallbeispiel zeigt, kommt es bei Entscheidungen am Lebensende vor allem auf den Dialog zwischen allen Beteiligten an. Die vorangegangene Kommunikation zwischen Patient, Familie und Hausarzt ermöglichte es, dem Patientenwillen Geltung zu verschaffen – viel besser, als es ein im stillen Kämmerlein ausgefülltes Formular jemals vermocht hätte. Dialog ist die beste Grundlage für gute Entscheidungen. Eine

Patientenverfügung sollte immer *Ausdruck von, nicht Ersatz für* einen solchen Dialog sein. Dann hat sie auch eine realistische Chance, in der Praxis beachtet und umgesetzt zu werden.

Das Konzept des Advance Care Planning

In den letzten Jahren wurde das Augenmerk stärker auf den Gesamtprozess der sogenannten «gesundheitlichen Vorausplanung» (englisch *Advance Care Planning, ACP*) gelegt. In diesem Prozess sind Vorsorgevollmacht und Patientenverfügung nur Teile eines breiter und langfristiger angelegten Konzeptes der vorausschauenden Planung der medizinischen und pflegerischen Versorgung in der letzten Lebensphase. Die einzelnen Bestandteile dieses Prozesses sind von Jürgen in der Schmitten und Mitarbeitern in einer kürzlich erschienenen Studie zusammengefasst worden.[9]

Bei einem ACP-Programm geht es im Kern darum, eine professionelle Begleitung für die Planung der letzten Lebensphase anzubieten. Zielgruppe können zum Beispiel alle Altersheimbewohner einer bestimmten Region sein. Jedes Mitglied der Zielgruppe erhält das Angebot, mit Unterstützung speziell geschulter Fachkräfte eine Patientenverfügung zu entwickeln und eine Vorsorgevollmacht zu erstellen. Die Verantwortung für die Möglichkeit, im Bedarfsfall jederzeit auf diese Dokumente zugreifen zu können, liegt bei den Institutionen bzw. den ACP-Verantwortlichen.

Ein wesentliches Merkmal eines ACP-Programms ist, dass die Patientenverfügung nur als Zwischenergebnis eines kontinuierlichen Gesprächsprozesses angesehen wird. Alle zwei bis fünf Jahre und vor allem im Fall gesundheitlicher Veränderungen erfolgt eine Aktualisierung; die Initiative hierfür geht wiederum vom ACP-System aus. Alle an der Patientenbetreuung Beteiligten werden darin geschult, die Beachtung und Befolgung von Patientenverfügungen als selbstverständlich anzuerkennen. Wissenschaftliche Studien belegen, dass ACP-Programme die Wahrscheinlichkeit der Umsetzung des Patientenwillens am Lebensende erheblich steigern können. Eine australische Untersuchung zeigte zudem, dass durch ACP Stress, Angst und Depression bei Angehörigen verstorbener Patienten deutlich verringert werden.[15]

Die demographische Entwicklung macht es notwendig, die Wünsche und Prioritäten hochbetagter Menschen zum einen frühzeitig zu erfassen und zum anderen der Möglichkeit der Veränderung dieser Wünsche durch kontinuierliche Begleitung Rechnung zu tragen. Beides wird durch ACP-Programme nachweislich erreicht, so dass zu hoffen ist, dass dieser Ansatz in Zukunft immer größere Beachtung und Anwendung finden wird.

11
Die Rolle der Gesundheitsindustrie – Cui bono?

Fallbeispiel
Der 32-jährige Patient war an einer seltenen, aggressiven Krebsart erkrankt. Die Krankheit war weit fortgeschritten, die Lebenserwartung sehr gering. Da wurde ihm die Behandlung mit einem gerade neu zugelassenen Medikament, einem sogenannten «monoklonalen Antikörper», angeboten. Der Patient willigte ein. Als das Palliativteam beratend hinzugezogen wurde, litt er stark an den tumorbedingten Schmerzen, aber auch unter den erheblichen Nebenwirkungen der Behandlung (Durchfall, Übelkeit, Erbrechen und stark juckender Hautausschlag). Aus palliativmedizinischer Sicht hätte er unter anderem dringend einer Cortisontherapie bedurft, um seine Beschwerden zu lindern. Die behandelnden Ärzte lehnten unseren Rat aber ab, da sie befürchteten, dass das Cortison die Wirkung des neuen Medikaments beeinträchtigen könnte. Der junge Patient starb qualvoll drei Tage später.[1]

In den letzten Jahren hat die Pharmaindustrie eine ganze Reihe teurer Krebsmedikamente mit zum Teil nur geringer Wirkung auf den Markt gebracht. Der im Fallbeispiel erwähnte Antikörper wurde 2011 in Deutschland zugelassen. Die durchschnittliche Verlängerung der Lebenszeit beträgt etwa drei Monate – eine vergleichbar lebensverlängernde

Wirkung, wie sie auch die Palliativmedizin erreicht (siehe unten) –, im Fall des Medikaments allerdings um den Preis von schweren und sehr häufigen Nebenwirkungen, welche die Lebensqualität der Patienten in der letzten Lebensphase drastisch verschlechtern können.

Die Behandlungskosten pro Patient mit dem oben beschriebenen Antikörper betragen ca. 100 000 Euro. Würden alle 2000 Patienten, die an dieser Krebsart pro Jahr in Deutschland sterben, mit diesem Antikörper behandelt (worauf sie einen Anspruch haben), würde dies die Krankenkassen 200 Millionen Euro jährlich kosten – und das für weniger als ein Prozent der Krebstoten pro Jahr. Dagegen haben die Kassen für die spezialisierte ambulante Palliativversorgung im gesamten Bundesgebiet im Jahr 2012 gerade einmal 152 Millionen Euro einschließlich Arznei-, Heil- und Hilfsmitteln ausgegeben – das sind *weniger als 1 Promille* der Gesamtausgaben der Krankenkassen im selben Jahr.[2]

Der Grundfehler des Gesundheitssystems

Wer glaubt, dass im Gesundheitssystem lauter selbstlose Akteure mit freudiger Hingabe ihren Dienst am Nächsten verrichten, der übersieht die Zwänge, die in einem der größten Wirtschaftszweige der Welt herrschen. Tatsache ist, dass es drei Hauptfaktoren gibt, die für moderne Gesundheitssysteme handlungsleitend wirken:

erstens, Geld;
zweitens, Geld;
drittens, Geld.

Der Gesundheitsmarkt ist inzwischen in der westlichen Welt zu einem der wichtigsten Wirtschaftsfaktoren überhaupt geworden. Die USA geben jährlich fast 18 Prozent ihres Bruttoinlandsprodukts für die Gesundheit aus, die Schweizer 11,5 Prozent und die Deutschen immerhin noch 11,3 Prozent. Das entspricht für die Schweiz 68 Milliarden Franken, für Deutschland rund 300 Milliarden Euro und für die USA die astronomische Summe von *über 2500 Milliarden Dollar* – wohlgemerkt pro Jahr.[3] Angesichts dieser Dimensionen verwundert es nicht, dass sich scheinbar irrationale Verhaltensweisen im Gesundheitswesen fast immer erklären lassen, wenn man nur die alte Frage stellt: Cui bono? Wem nützt das?[4]

Die schleichende Veränderung im Gesundheitssystem durfte ich über die letzten Jahrzehnte aus nächster Nähe betrachten. Zu Anfang meiner Laufbahn als Arzt diskutierte man unter Kollegen noch häufig über schwierige Diagnosen, ungewöhnliche Befunde oder neuere Veröffentlichungen. Das gibt es natürlich immer noch, aber die Hauptgesprächsthemen haben sich gewandelt: Jetzt geht es primär um Geld (im Verwaltungsjargon: Erlöse), um die Möglichkeiten der Einnahmensteigerung und um den damit verbundenen, exponentiell gestiegenen Verwaltungsaufwand. Als junger Assistent in der Neurologischen Klinik der Universität München Ende der Achtzigerjahre hatte ich alle Hände voll zu tun, aber der Großteil meiner Arbeit betraf wenigstens die Patienten. Heute werden Ärzte dermaßen mit Verwaltungsaufgaben zugedeckt, dass für die Patienten nur noch wenig Zeit bleibt. Ist es ein Zufall, dass es damals äußerst schwer war, eine der begehrten Assistentenstellen an einer guten Universitätsklinik zu bekommen, während heute alle Krankenhäuser einschließlich der Unikliniken händeringend nach qualifiziertem und motiviertem ärztlichen Nachwuchs suchen?

Selbst im Bereich der Palliativmedizin, in welchem die für Patienten und ihre Familien zur Verfügung stehende Zeit ein besonders hohes Gut darstellt, muss der größte Anteil der Arbeitszeit für Verwaltungsaufgaben verwendet werden, wie eine Studie aus dem Bereich der spezialisierten ambulanten Palliativversorgung (SAPV) gezeigt hat.[5] SAPV-Teams sind multiprofessionelle Palliativteams, die sich um Schwerstkranke zuhause kümmern, die Lebensqualität von Patienten und Familien verbessern und vielfach verhindern können, dass es in der Sterbephase zu unnötigen Krankenhauseinweisungen kommt.[6] In der erwähnten Studie konnten 82 Prozent aller durch das SAPV-Team betreuten Patienten zuhause sterben, gegenüber einem deutschen Durchschnitt von weniger als 25 Prozent.

Finanzielle Fehlanreize

In den letzten Jahrzehnten haben sich die finanziellen Anreize im Gesundheitssystem, die primär von den Krankenkassen gesetzt werden, in eine für die Patienten ungute Richtung verschoben. Hoch vergütet werden vor allem technische Leistungen, sowohl im diagnostischen wie im therapeutischen Bereich. Das hat unter anderem dazu geführt, dass Deutschland weltweit Spitzenreiter ist bei der Durchführung von z. B. Herzkatheter-Untersuchungen oder Hüftgelenksersatz-Operationen.[7] Die durchschnittliche Lebenserwartung der Deutschen liegt allerdings mit 80,8 Jahren im Mittelfeld der OECD-Länder, in etwa auf der Höhe von Ländern wie Südkorea (81,1) oder Griechenland (80,8), die pro Kopf nur ungefähr die Hälfte an Gesundheitsausgaben aufweisen. Noch krasser ist das Missverhältnis bei den USA, die mit jährlichen

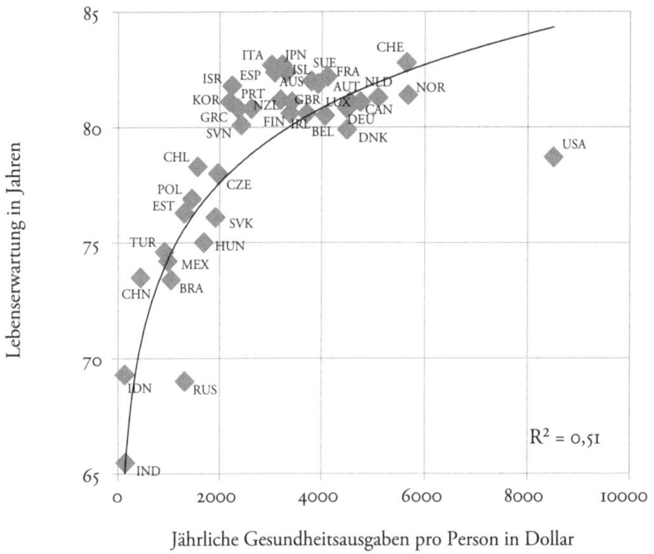

Abbildung 11.1: Lebenserwartung in Relation zu den Gesundheitskosten.[8]

Pro-Kopf-Gesundheitsausgaben von ca. 8500 Dollar eine fast identische Lebenserwartung erreichen wie Chile, das weniger als ein Fünftel dieser Summe pro Einwohner ausgibt (Abb. 11.1). Die höchste Lebenserwartung findet sich übrigens in der Schweiz mit 82,8 Jahren.

Hohe Gesundheitsausgaben führen also nicht automatisch zu einer besseren Lebenserwartung. Das lässt vermuten, dass die Mittel möglicherweise nicht in die richtigen Kanäle fließen. Gelegentlich scheint es so zu sein, dass am falschen Ende gespart wird – womit wir wieder bei der oben erwähnten spezialisierten ambulanten Palliativversorgung (SAPV) wären.

Ein Nebeneffekt der SAPV für die Krankenkassen sind erhebliche Kosteneinsparungen durch die Vermeidung unnötiger und von den Patienten nicht mehr gewünschter Krankenhauseinweisungen. Dementsprechend sollte man annehmen, dass die flächendeckende Einführung der SAPV in Deutschland von den Kassen mit Nachdruck vorangetrieben wird, zumal sie gesetzlich seit 2007 ohnehin vorgeschrieben ist. Dies ist, um es vorsichtig zu formulieren, nicht unbedingt der Fall. Nach Verabschiedung des Gesetzes dauerte es über zwei Jahre, bis die ersten Verträge überhaupt unterzeichnet wurden, und die Hürden, welche die Kassen vor einen Vertragsabschluss setzen, sind nach wie vor hoch. Das ist aufgrund der unleugbaren Existenz einzelner «schwarzer Schafe» auf Arztseite (das sind Ärzte, denen die Gewinnmaximierung mehr am Herzen liegt als das Patientenwohl) zum Teil verständlich. Nicht akzeptabel ist aber der enorme Dokumentationsaufwand, der den SAPV-Teams auferlegt wird, mit der erwähnten Folge, dass mehr Zeit am Schreibtisch verbracht werden muss als beim Patienten. Besonders unangenehm ist außerdem die zunehmende Tendenz der Krankenkassen, schwerstkranke Patienten trotz ärztlicher Verordnung nicht als SAPV-Patienten anzuerkennen (und damit die Betreuung nicht zu finanzieren), wenn der Patient nicht an Krebs leidet und wenn keine technischen Geräte wie Schmerzpumpen oder Ähnliches angewendet werden. Dies verkennt die Aufgabe der Palliativmedizin als ganzheitlichen Behandlungsansatz für alle Schwerstkranken und setzt falsche Anreize in Richtung einer Technisierung des Lebensendes, die durch die SAPV eigentlich verhindert werden sollte.

Der schlimmste Fehlanreiz in der Palliativversorgung findet allerdings nicht im ambulanten, sondern im stationären Bereich statt. Erklärtes Ziel der Krankenkassen ist es seit einigen Jahren, Palliativstationen möglichst flächendeckend über sogenannte Fallpauschalen zu finanzieren. Dabei wird pro

Patient ein fester Durchschnittsbetrag bezahlt, weitgehend unabhängig von Krankheitsschwere und Aufenthaltsdauer. Die Fallpauschalen-Finanzierung dient allgemein dazu, die Liegedauer der Patienten in Krankenhäusern zu verkürzen, um Kosten zu sparen. Dieses Ziel wurde in Deutschland nachweislich erreicht, wenn auch zum Teil mit der Folge der sogenannten «blutigen Entlassungen». Auf Palliativstationen jedoch verstirbt etwa die Hälfte der Patienten. Hier erzeugt das Ziel der Verkürzung der Liegedauer auf Krankenhäuser und Ärzte einen ethisch inakzeptablen Druck hin zum *Fallpauschalen-verträglichen Frühableben* der Schwerstkranken. Und so etwas sollte sich nun wirklich von selbst verbieten.[9]

Die echten Verstöße gegen die Menschenwürde

Wäre ich von Beruf Pharma-Lobbyist, dann würde ich viel Geld aufwenden, um die Sterbehilfe-Debatte anzuheizen. Sie soll möglichst lange, möglichst kontrovers und möglichst medial prominent weiterkochen. Denn solange sie das tut, wird die Öffentlichkeit sehr effektiv von dem abgelenkt, was die Menschenwürde am Lebensende wirklich verletzt: *die allgegenwärtige Übertherapie sowie die unzureichende pflegerische und palliative Versorgung.*

Unzweifelhaft lässt sich mit dem zu Ende gehenden Leben viel Geld verdienen. Etwa ein Drittel aller Gesundheitskosten im Leben eines Menschen fällt in den letzten ein bis zwei Lebensjahren an. Es geht hier also – allein in Deutschland – um dreistellige Milliardenbeträge. Wie das Fallbeispiel am Anfang exemplarisch zeigt, wird die verzweifelte Hoffnung schwerstkranker Menschen und ihrer Familien auf Heilung oder wenigstens Aufschub von der Gesundheitsindustrie bewusst instrumentalisiert, um höhere Renditen durch zum Teil zweifelhafte Heilungsversprechen zu erzielen.

Diesen Gewinnerzielungsabsichten spielen auch die Ängste der Ärzte in die Hände, die sich unglaublich schwer damit tun, einem Patienten «nichts mehr anbieten zu können». Das ist übrigens keine ganz neue Entwicklung, denn schon der erwähnte griechische Philosoph Epiktet stellte vor fast 2000 Jahren fest: «Einem Arzt, der nichts verschreibt, zürnen die Kranken und glauben, sie seien von ihm aufgegeben.» Hierin liegt vielleicht sogar der Ursprung der alten Phrase aus dem Ärztelatein, die sich früher häufiger in Krankenakten zur Begründung sinnloser Therapien fand: *«Ut aliquid fiat»* («Damit irgendetwas passiert»). Mit dieser unter Ärzten leider immer noch weit verbreiteten Einstellung ist die Übertherapie am Lebensende vorprogrammiert. Und doch gäbe es eine wirkungsvolle Alternative:

Eine im Jahr 2010 im New England Journal of Medicine publizierte Studie von Jennifer Temel und Mitarbeitern aus der Harvard Medical School hat gezeigt, dass die frühzeitige Einbindung der Palliativmedizin in die Betreuung von Patienten mit fortgeschrittenem Lungenkrebs zu einer besseren Lebensqualität, einem geringeren Einsatz von Chemotherapie und gleichzeitig – zur großen Überraschung der beteiligten Krebsärzte – einem *signifikant längeren Überleben* führt. Die Lebensverlängerung beträgt etwa drei Monate, nebenwirkungsfrei und kostensparend.[10]

Wie schafft es die Palliativmedizin, solche Wirkungen zu entfalten? Indem sie leidvolle Symptome effektiv behandelt und die Bedürfnisse, Prioritäten und Ressourcen der Patienten und ihres sozialen Umfelds in den Mittelpunkt stellt. Ziel der Palliativversorgung ist laut Definition der Weltgesundheitsorganisation einzig und allein die Lebensqualität schwerstkranker Patienten und ihrer Familien. Dies wird erreicht, indem nicht nur die physischen, sondern auch die psychosozialen und spirituellen Aspekte interdisziplinär und multiprofessionell betrachtet und behandelt werden.

Nun würde man als Außenstehender wahrscheinlich vermuten, dass ein rational arbeitendes Gesundheitssystem diesen Behandlungsansatz begeistert aufnehmen und ihn überall propagieren müsste – denn wie oft passiert es, dass ein medizinischer Fortschritt das Leben verlängert, die Lebensqualität verbessert und gleichzeitig die Kosten senkt? Seltsamerweise ist von Begeisterung für die Palliativmedizin selbst bei denjenigen wenig zu spüren, die sich kraft ihres Amtes um unsere Gesundheit kümmern sollten, namentlich den Gesundheitspolitikern und den Krankenkassen.[11] Lippenbekenntnisse gibt es zuhauf, aber die sind wohlfeil. Wenn es um Ressourcenzuteilung geht, bleiben für die Palliativversorgung bestenfalls die sprichwörtlichen Brosamen übrig. Warum wohl?

Die einfache Antwort: Die Palliativmedizin stellt der modernen, technologisch und pharmakologisch orientierten Medizin eine unbequeme Frage: *Ist wirklich immer alles sinnvoll, was machbar ist?* Diese Frage zielt auch auf Widersprüche zwischen dem Verhalten der Ärzte gegenüber ihren Patienten und ihren Wünschen für sich selbst, wie sie in der nachfolgend beschriebenen Untersuchung dokumentiert werden.

Eine neue Studie aus den USA zeigt eine bemerkenswerte Diskrepanz zwischen der Einstellung der Ärzte zu ihrer eigenen Behandlung am Lebensende im Vergleich zu ihrer Haltung, wenn es um die Behandlung ihrer Patienten geht.[12] Von den befragten 1081 Ärzten würden fast 90 Prozent für sich selbst auf aggressive Therapien und Wiederbelebungsmaßnahmen am Lebensende verzichten. Tatsache ist aber, dass in den USA die meisten Patienten am Lebensende aggressiv therapiert werden und im Krankenhaus sterben. Der wichtigste Faktor dafür ist die Haltung der behandelnden Ärzte,[13] die folglich mit ihren Patienten ganz anders verfahren, als sie es für sich selbst wünschen. Die Aussage «Ärzte haben eine größere Autorität als Patienten bei der Entscheidung, ob ‹heroische› Therapien beendet werden sollten» verneinten nur 45 Prozent der Befragten. Besonders ausgeprägt war die Tendenz, sich über Patientenwünsche hinwegzusetzen, bei Chirurgen, Orthopäden und Strahlentherapeuten.

Nachfolgend möchte ich Ihnen einige wenige, willkürlich ausgesuchte Beispiele für Fehlentwicklungen im Gesundheitssystem vorstellen, welche die Patientenautonomie durch Vortäuschung falscher Sicherheit, Ressourcenverschwendung und unrealistische Versprechungen unterminieren. Die Liste ließe sich beliebig fortsetzen.[14]

– Mammografie-Screening
  Die flächendeckende Durchführung (Screening) von Röntgenuntersuchungen der Brust (Mammografien) zur Frühdiagnose von Brustkrebs bei allen Frauen ab 50 Jahren wurde seit den Achtzigerjahren seitens der Gynäkologen, Onkologen und Radiologen mit Nachdruck beworben und seit 2005 von den Krankenkassen übernommen. Frauen bekommen regelrechte Vorladungen mit festen Terminen, um ihre Teilnahme am Mammografie-Screening zu sichern. In den letzten Jahren wurden die kritischen Stimmen immer lauter, bis schließlich eine neue Studie aus Kanada, die über 25 Jahre an 90 000 Frauen durchgeführt wurde, zeigen konnte, dass flächendeckende Mammografien keine Reduzierung der

Sterblichkeit durch Brustkrebs erbringen.[15] Eine genaue Durchsicht der vorhandenen Daten durch den Swiss Medical Board ergab zudem, dass bei rund 10 Prozent der Screening-Teilnehmerinnen falsch positive Befunde festgestellt werden, die weitere Untersuchungen und zum Teil Fehlbehandlungen bis hin zu Operationen nach sich ziehen.[16] Der Swiss Medical Board fordert daher, die Mammografie-Programme einzustellen. Das würde in Deutschland eine Ersparnis von über 200 Millionen Euro jährlich ergeben.

– Anwendungsbeobachtungen
  Anwendungsbeobachtungen sind Pseudo-Studien, die von der Pharma-Industrie nach Markteinführung eines neuen Medikaments durchgeführt werden, vorgeblich mit dem Ziel, Erfahrungen im klinischen Einsatz zu dokumentieren. Tatsächlich dienen die allermeisten Anwendungsbeobachtungen dazu, den Umsatz mit dem entsprechenden Präparat zu erhöhen. Da die Ärzte für jeden im Zusammenhang mit einer Verschreibung ausgefüllten Kurzfragebogen eine «Entschädigung» bekommen, die im Einzelfall bis zu 1000 Euro betragen kann, hat Transparency International diese Praxis als «legalisierte Korruption» bezeichnet. Wegen der höheren Kosten der verschriebenen Medikamente entstehen nach Berechnungen des Wissenschaftlichen Instituts der Techniker Krankenkasse in Deutschland jährliche Mehrausgaben von fast einer Milliarde Euro.[17]

Tipp: Fragen Sie Ihren Hausarzt oder Facharzt, ob in seiner Praxis Anwendungsbeobachtungen von Medikamenten im Auftrag der Pharmaindustrie durchgeführt werden. Bestehen Sie auf einer Antwort. Wenn diese «Ja» lautet, suchen Sie sich einen anderen Arzt.

– Übertherapie am Lebensende
Die eingangs im Fallbeispiel geschilderte Übertherapie bei Tumorpatienten im Endstadium ist kein Einzelfall. Eine neuere Übersichtsarbeit hat 15 vorwiegend nordamerikanische Studien zur medizinischen Betreuung von Krebspatienten im letzten Lebensmonat zusammengefasst. Demzufolge beträgt der Anteil von Patienten mit Chemotherapie in den letzten 30 Tagen vor dem Tod bis zu 38 Prozent (Daten aus Deutschland: 28–43 Prozent); bis zu einem Drittel der Patienten wird in dieser Zeit künstlich beatmet, dafür bekommen zwei Drittel keine Palliativbetreuung.[18] Eine kürzlich veröffentlichte Studie aus der Schweiz zeigte zudem, dass die Wahrscheinlichkeit, im letzten Lebensmonat noch chemotherapiert zu werden, bei Privatpatienten fast doppelt so hoch ist wie bei Normalversicherten.[19]

Das Phänomen der Übertherapie betrifft aber mitnichten nur Krebspatienten. Bei Patienten mit fortgeschrittener Demenz im Pflegeheim werden in Deutschland Jahr für Jahr Zigtausende Magensonden zur künstlichen Ernährung gelegt – obwohl die wissenschaftlichen Daten unmissverständlich zeigen, dass damit keine Vorteile für die Patienten zu erreichen sind, sondern nur Nebenwirkungen[20] und, natürlich, höhere Kosten für teure Ernährungspräparate.

Ein drittes Beispiel für Übertherapie ist die hohe Zahl an Menschen, die auf Intensivstationen versterben. In den USA sind es nach Schätzungen bis zu 500 000 jährlich.[21] Das müsste in dieser Größenordnung nicht sein, denn bei den meisten dieser Patienten ist aufgrund der Schwere ihrer Erkrankung schon einige Zeit vor ihrem Tod absehbar, dass sie nicht überleben werden. Zu diesem Zeitpunkt könnte eine Umstellung auf palliativmedizinische Betreuung samt

Verlegung auf eine für die letzte Lebensphase geeignetere Station erfolgen – zumal die wenigsten Menschen den Wunsch haben, auf einer Intensivstation zu sterben.

Auch hier ließe sich die Liste beliebig fortsetzen. Die Ausgaben, die durch unnötige und für die Patienten oft belastende Übertherapie (nicht nur) am Lebensende entstehen, lassen sich nicht zuverlässig schätzen, es dürften aber – angesichts des hohen Preises der verwendeten Medikamente und medizintechnischen Ressourcen – mit Leichtigkeit mehrere Milliarden Euro jährlich sein.

Würde man nur einen Bruchteil der Mittel, die in Industrienationen für unnötige Diagnostik oder unwirksame Therapien verschwendet werden, für die Palliativversorgung ausgeben, wäre deren flächendeckende Finanzierung einfach zu erreichen und damit eine wesentliche Voraussetzung für die Patientenautonomie hergestellt. Denn kaum etwas schränkt die Möglichkeiten der Selbstbestimmung am Lebensende so stark ein, wie ungelinderte physische Symptome oder ungelöste psychosoziale und spirituelle Probleme – und die Angst von Patienten und Angehörigen, mit diesen Problemen alleine zu bleiben.

So wird aber im heutigen Medizinsystem durch unrealistische Heilungsversprechen der Entscheidungsspielraum der Menschen in der letzten Lebensphase faktisch extrem eingeengt, und das häufig unter Vorspiegelung falscher Tatsachen und unzureichender Aufklärung über Risiken und Nebenwirkungen. Die Palliativmedizin wird als Alternative so gut wie nie erwähnt, schon gar nicht als potentiell gleichwertige. *Die wirklich gravierenden Verstöße gegen die Menschenwürde am Lebensende geschehen also laufend* – systemkonform, vor unseren Augen und weitgehend unbemerkt.

Zielgerichtete Arzt-Patienten-Kommunikation

Kehren wir zum Fall zurück, der am Anfang des Kapitels beschrieben wurde: Was hat den jungen Mann dazu bewogen, die Behandlung mit diesem Antikörper zu akzeptieren und noch in der Sterbephase die Ärzte geradezu anzuflehen, die Therapie unter keinen Umständen zu beenden? Zum einen ist bekannt, dass Schwerstkranke sich an jeden Strohhalm der Hoffnung klammern – das ist mehr als verständlich und zudem Teil unseres genetischen Überlebensinstinktes. Zum anderen aber ist ebenfalls bekannt und durch Studien belegt, dass Patientenentscheidungen maßgeblich davon abhängen, wie die Sachlage durch die behandelnden Ärzte dargestellt wird.

In einer kürzlich veröffentlichten Studie aus der Forschergruppe um Jennifer Temel wurden zwei zufällig ausgeloste Gruppen von Patienten mit fortgeschrittenem Krebsleiden über ihre Wünsche bezüglich Maßnahmen zur Wiederbelebung (Reanimation) befragt.[22] Die erste Gruppe wurde wie üblich im Gespräch vom Arzt über die Überlebenswahrscheinlichkeit nach einer Wiederbelebung aufgeklärt. Die zweite Gruppe bekam zusätzlich ein Video gezeigt, in dem die Durchführung einer Reanimation sowie ein Patient unter künstlicher Beatmung zu sehen waren. In der ersten Gruppe entschieden sich 48 Prozent der Patienten für eine Wiederbelebung, in der zweiten nur noch 20 Prozent. Bei einer Nachbefragung war das Wissen über die Wiederbelebung bei der Video-Gruppe deutlich besser, die Entscheidungslage war unverändert.

Im anfangs beschriebenen Fall hatten die Krebsärzte dem Patienten die Therapie dadurch schmackhaft gemacht, dass sie ihm – wahrheitsgemäß – mitteilten, das Medikament hätte eine Ansprechrate von 18 Prozent. Was sie ihm aber leider nicht so genau erklärten, war das, was sich hinter dem Wort «Ansprechrate» versteckt: eine Lebensverlängerung von im Durchschnitt 3 Monaten bei schweren und sehr häufigen Nebenwirkungen. Was der Patient und seine Familie verstanden hatten, war: «Es gibt eine Chance von 18 Prozent, dass dieses Medikament die Krankheit heilen wird.» Eine palliativmedizinische Behandlung, welche voraussichtlich eine vergleichbare Verlängerung der Lebenserwartung bei deutlich besserer Lebensqualität erbracht hätte, wurde gar nicht erst als Alternative erwähnt – und wäre vom Patienten angesichts der von ihm wahrgenommenen «Heilungsaussichten» auch mit großer Wahrscheinlichkeit abgelehnt worden. Daran zeigt sich wieder einmal: Autonome Entscheidungen am Lebensende sind ohne eine korrekte Information über die Krankheitsaussichten und die Behandlungsalternativen nicht möglich.

Was wir brauchen: Eine hörende Medizin

Es bleibt abschließend festzustellen:

1. Die moderne Medizin leidet unter dem Primat der ökonomischen Betrachtungsweise. Dies betrifft gleichermaßen Patienten, Angehörige und professionell Tätige. Der Patient wird zunehmend als Kostenfaktor betrachtet und damit entmenschlicht.
2. Zu den größten Hindernissen für eine echte Selbstbestimmung am Lebensende gehören die mangelhafte Arzt-Patienten-Kommunikation, die ressourcenfressende Überdiagnostik

und Übertherapie sowie die gleichzeitig unzureichende palliative und pflegerische Versorgung.

3. Die Krankenkassen leisten dieser Fehlentwicklung durch das Setzen falscher und zum Teil unethischer finanzieller Anreize weiter Vorschub.

Als eine Lösung für diese Probleme wird seit Jahren gefordert, die sogenannte «sprechende Medizin» stärker zu unterstützen. Dieser Formulierung kann ich mich nur sehr bedingt anschließen. Ärzte reden eigentlich schon heute zu viel. Der Gesprächsanteil des Arztes bei der Aufklärung über eine lebensbedrohliche Diagnose beträgt oft über 80 Prozent. Dabei hängt die Zufriedenheit der Patienten in diesen Situationen direkt mit der Höhe ihres eigenen Gesprächsanteils zusammen, der idealerweise größer sein sollte als der des Arztes. Leider fehlt vielen Ärzten eine für ihre Aufgabe eigentlich zentrale Fähigkeit – die zum aktiven Zuhören. Und manchmal fehlen ihnen sogar elementare Formen des Respekts gegenüber ihren Patienten. Der folgende, hier auszugsweise wiedergegebene anonyme Brief einer Patientin erschien im Jahr 2008 im Deutschen Ärzteblatt:[23]

Sehr geehrter Herr Dr. Wichtig,
ich möchte Ihnen kurz meine Eindrücke zur gestrigen ambulanten Konsultation Ihrer Abteilung VOR Ihrem Erscheinen mitteilen: Nach den Anmeldeformalitäten wurde ich um 10.40 Uhr in den kleinen, abgedunkelten Raum gebeten, in dem dann später – viel später – die Sonografie stattfand. Dort wurde ich fachgerecht präpariert, das heißt, ich hatte mich halbnackt mit Hose runter, bauchfrei und allerlei Lätzchen behängt auf dem Tisch zu platzieren. […]

Eine Stunde später: Der sooo sehnsüchtig erwartete «Chef» betrat die Bühne beziehungsweise den Halbdunkelraum. Inzwischen wieder brav liegend, Bauch frei, Hose runter, die Oberkörperscham gerade noch durch einen BH verhüllt, war ich begierig, einen Blick auf IHN, den so innig Erwarteten, zu erhaschen – was mir zugegebenermaßen in der horizontalen Position, kopfseits hinter dem Sonografiegerät liegend, schwerfiel. Erwartungshaltungen aus dem Bereich gängiger Umgangsformen, wie die, zunächst per Handschlag und Face-to-face-Kommunikation begrüßt zu werden, hatte ich nach den Erfahrungen der vorausgegangenen Stunde ohnehin schon kremiert. Richtig! Und es kam noch besser: In einem halben Meter Entfernung von mir, ich bei vollem Bewusstsein mit intaktem Sprachzentrum, fragt «der Chef» die Schwester: «Wie alt ist die Patientin?» – Sagenhaft!!! Ab diesem Zeitpunkt war ich eigentlich nur noch auf den Pluralis Majestatis und das Reden von mir in der dritten Person eingestellt. […]

Chef, ich hoffe, dass man in Ihrem Hause, Ihrer Abteilung vielleicht doch einen Weg finden wird, die Abläufe dergestalt umzuformen, dass Patienten mindestens die Würde eines Schnitzels zugemessen wird. Diese Metapher aus dem hauswirtschaftlichen Bereich zumindest biete ich Ihnen zur Motivation Ihrer Mitarbeiterinnen an, die sicherlich zu Hause ein zu panierendes Schnitzel auch nicht eine Stunde lang bar und nackt auf dem Tresen liegen lassen, bevor das Fleisch weiter bearbeitet wird.

Mit freundlichen Grüßen.

Wenn wir wirklich ein Gesundheitssystem entwickeln wollen, das die Selbstbestimmung der Menschen (nicht nur) am Lebensende ermöglicht, dann sollte dieses System in der Lage sein, die hochgradig unterschiedlichen Bedürfnisse, Ängste und Sorgen kranker Menschen und ihrer Familien wahr- und ernstzunehmen. Unabdingbare Voraussetzung für Patientenautonomie ist die Anerkennung und Würdigung jedes einzelnen Menschen in seiner unverwechselbaren Individualität. Dies geschieht nicht durch das Sprechen, sondern durch das Zuhören. Wenn wir diesen Weg nicht gehen, riskieren wir das Auseinanderfallen unseres Gesundheitssystems in eine Zwei-Klassen-Medizin, in der es nur Unter- oder Überversorgte geben wird. Es ist daher meine tiefe, hier bewusst wiederholte Überzeugung: *Die Medizin der Zukunft wird eine hörende sein, oder sie wird nicht sein.*[24]

12
Fürsorge und Selbstbestimmung: Ein Vermittlungsversuch

Fürsorge durch Aufklärung

Herr K. war mit 34 Jahren ein junger IT-Unternehmer, sein Internet-Start-up war sehr erfolgreich. Die Welt stand ihm offen. Er konnte es kaum glauben, als er die Diagnose Krebs hörte. Und es war nicht irgendein Krebs, sondern ein sehr bösartiger Bindegewebstumor, ein sogenanntes Sarkom, das schon Tochtergeschwülste in Leber und Lunge erzeugt hatte. Seine Lebenserwartung war kurz, die Therapieoptionen gering. Nach dem ersten Schock ging Herr K. seine medizinische Situation nach allen Regeln eines Businessplans an: Er ließ sich von seinem Arzt alle verfügbaren Informationen über die vorhandenen Therapieangebote und deren wissenschaftlich nachgewiesene Wirksamkeit überreichen. Er holte eine zweite und eine dritte Meinung ein, informierte sich ausführlich über das Internet und entschied dann, ganz alleine, welchen Behandlungsformen er zustimmte und welchen nicht. Als die letzte Therapie nicht so anschlug, wie er es sich erhofft hatte, brach er sie ab und begab sich freiwillig in ein Hospiz, wo er Essen und Trinken einstellte, um zu sterben.

Frau R. war mit 96 Jahren eine hochbetagte, körperlich fragile, aber geistig noch sehr klare Dame, die schon lange im Altersheim wohnte und regelmäßig Besuch von ihrer Schwiegertochter bekam. Ihr Sohn war schon vor Jahren an einem

Herzinfarkt gestorben, und auch mit dem Herzen der alten Dame gab es Schwierigkeiten, sie nannte es «meine Stolperkiste». Als sie einmal bewusstlos aufgefunden wurde, zeigte das EKG schwere Herzrhythmusstörungen, die im Grunde den Einsatz eines Herzschrittmachers notwendig machten. Der Hausarzt vereinbarte einen Termin in Anwesenheit der Schwiegertochter, um dies zu besprechen. Aber gleich zu Beginn überraschte ihn Frau R. mit der Aussage: «Lieber Herr Doktor, ich möchte von Ihnen keine Details wissen. Eigentlich möchte ich am liebsten gar nichts wissen. Ich habe mein Leben gelebt, habe meiner Schwiegertochter eine Vollmacht gegeben und vertraue sowohl ihr wie auch Ihnen als Arzt vollständig. Bitte besprechen Sie die Lage mit ihr, Sie beide werden bestimmt das Beste für mich entscheiden. Ich brauche gar nicht dabei zu sein.» Arzt und Schwiegertochter beschließen daraufhin, auf die Implantierung eines Schrittmachers zu verzichten. Frau R. stirbt einige Wochen später friedlich im Schlaf an einem Herzstillstand.

Unterschiedlicher könnten diese zwei Verläufe der letzten Lebensphase kaum sein. Und doch haben sie ein wesentliches Merkmal gemeinsam: In beiden Fällen stimmen sie überein mit der grundsätzlichen Haltung des jeweiligen Betroffenen. Selbstbestimmung ist, wie schon erwähnt, nicht gleichbedeutend mit Entscheidungszwang. Man kann die eigene Autonomie auch dadurch ausüben, dass man die Entscheidung anderen Menschen überlässt.

Diese beiden Fälle, die es in der Wirklichkeit in ähnlicher Form immer wieder gibt, stellen gleichzeitig zwei Extremfälle eines Spannungsfeldes dar, mit dem sich jeder Arzt auseinandersetzen muss: das Spannungsfeld zwischen Selbstbestimmung und Fürsorge. Tatsächlich braucht jeder Mensch zu jedem Zeitpunkt von seinem Arzt beides: Respekt für seine Autonomie und Hilfe bei der Entscheidungsfindung. Aber das «Mischungsverhältnis» zwischen den beiden kann je nach Charakter, Biographie, Alter und Krankheitsverlauf sehr unterschiedlich sein.

Um diesen Sachverhalt graphisch etwas zu verdeutlichen, sehen Sie hier das erwähnte Spannungsfeld:

Selbstbestimmung ———————————— P ——— Fürsorge

Das «P» bezeichnet hier eine Patientin, die mit einer schweren Krankheit zu ihrem Arzt kommt. Sie ist 65 Jahre alt und vertraut grundsätzlich den Ärzten, möchte allerdings schon ein bisschen, mit dem nötigen Feingefühl, in die Behandlungsentscheidungen mit einbezogen werden. Im Zweifelsfall würde sie die letzte Entscheidung jedoch lieber ihrem Arzt überlassen, als sie selbst zu treffen.

Nun ist ihr alter Hausarzt vor zwei Jahren in Pension gegangen. Sein Nachfolger ist ein junger, engagierter Allgemeinmediziner. Er hat im Studium als Teil einer der ersten Jahrgänge das Pflichtfach Palliativmedizin absolviert. Dabei hat er sich gemerkt, dass es wichtig ist, die Selbstbestimmung der Patienten zu respektieren und ihnen zu helfen, autonome Entscheidungen zu treffen. Gestärkt mit diesen guten Absichten, empfängt er die Patientin.

Sie ahnen es schon: Wir haben hier ein Problem. Das Problem lässt sich wiederum graphisch darstellen. Denn – Überraschung – nicht nur die Patienten nehmen eine bestimmte Position auf dem dargestellten Spannungsfeld ein, sondern auch die Ärzte. Hier also die neue Situation:

Selbstbestimmung ——— A ———————— P ——— Fürsorge

Sie sehen, der Abstand zwischen den beiden Positionen ist beträchtlich. Wie kann der Arzt seinem Ziel nahe kommen, für diese Patientin ein guter Arzt zu sein? Auf den ersten Blick könnte man vermuten, er braucht sich doch nur auf sie zuzubewegen. Das würde aber bedeuten, dass er seine Grundüberzeugungen im Hinblick auf Patientenautonomie und die Rolle des Arztes ändert, und das müsste er bei jedem neuen Patienten wieder tun. Das ist offensichtlich nicht machbar – aber auch nicht notwendig. Man kann nämlich vom Arzt aufgrund seines Studiums und seiner Fachkenntnisse erwarten, dass er weiß, dass es dieses Spannungsfeld gibt und dass er Teil davon ist. Das gibt ihm die Möglichkeit – ausgehend von seinen Grundüberzeugungen, die er dafür nicht ändern muss –, jedem Patienten das für ihn angemessene und notwendige «Mischungsverhältnis» an Selbstbestimmung und Fürsorge zu geben. Das könnte in etwa so aussehen:

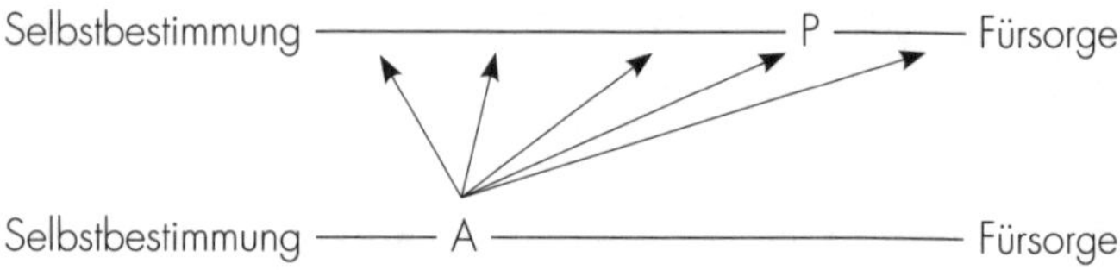

Dieses Verhalten setzt voraus, dass der Arzt in der Lage ist, bei jedem Patienten herauszuhören, wo er in diesem Spannungsfeld steht – was dem Patienten selbst oft nicht richtig bewusst ist –, und ihn entsprechend zu beraten und zu unterstützen. Das erfordert aktives Zuhören und viel Einfühlungsvermögen – beides Eigenschaften, die im Medizinstudium nicht immer optimal gefördert werden. Damit nicht genug: Die

Aufgabe des Arztes wurde bisher vereinfacht dargestellt, sie ist in Wahrheit noch viel schwerer.

Dies liegt zum einen daran, dass die wenigsten Patienten in einer solchen Situation alleine sind. Immer geht es auch, wie wir gesehen haben, um die Angehörigen und das soziale Umfeld. Jeder Angehörige nimmt aber seinen eigenen Platz auf diesem Spannungsfeld ein, der von der Position des Patienten deutlich abweichen und zu schweren Spannungen zwischen den Beteiligten führen kann. Auch hier ist es Aufgabe des Arztes, dies zu erkennen und empathisch anzusprechen, um das Konfliktpotential zu entschärfen und eine Basis für gute Kommunikation zu schaffen.

Zum anderen, und das darf man nicht unterschätzen, ist ein Mensch kein statisches Gebilde. Wir verändern uns ständig, unsere Ansichten entwickeln sich weiter und können sich manchmal dramatisch ändern. Dies gilt ganz besonders für Krisensituationen, in denen Menschen ihre Prioritäten von Grund auf neu sortieren können, was oft einen Gewinn für die eigene Lebensqualität zur Folge hat.[1] Bezogen auf die beschriebene Situation bedeutet dies, dass ein Patient im Verlauf seiner Erkrankung seine Position auf dem Spannungsfeld deutlich verändern kann: Menschen, die am Anfang ihrer Erkrankung viel Raum für die eigene Selbstbestimmung einfordern, können zu einem späteren Zeitpunkt sehr fürsorgebedürftig sein, oder auch (seltener) umgekehrt.

Das bedeutet wiederum für den Arzt, dass er sich bei jedem neuen Besuch eines Patienten, selbst wenn ihm dieser seit Jahrzehnten bekannt ist, nicht sicher sein kann, was der Patient *gerade heute* von ihm hinsichtlich Selbstbestimmung und Fürsorge braucht – insbesondere dann nicht, wenn eine schwere Krankheit im Raum steht. Das heißt im Klartext: Der

Arzt muss immer und immer wieder aufs Neue herausfinden, wo der Patient steht, und ihn dort abholen. Eine anstrengende, aber sehr lohnende Arbeit, und ein Grundprinzip jeder ärztlichen Tätigkeit. Unnachahmlich formuliert wurde dieses Prinzip durch den großen dänischen Philosophen Søren Kierkegaard, der 1851 schrieb:

> Wenn wir jemandem helfen wollen, müssen wir zunächst herausfinden, wo er steht. Das ist das Geheimnis der Fürsorge. Wenn wir das nicht tun können, ist es eine Illusion zu denken, wir könnten anderen Menschen helfen. Jemandem zu helfen impliziert, dass ich mehr verstehe als er, aber *ich muss zunächst verstehen, was er versteht.* Tue ich das nicht, so hilft mein größeres Verständnis gar nichts. Will ich trotzdem mein größeres Wissen anbringen, dann deshalb, weil ich eitel oder stolz bin, so dass ich im Grunde, anstatt ihm zu nützen, eigentlich von ihm bewundert werden will.
>
> *Alles wahre Helfen beginnt jedoch mit einem Akt der Demut;* der Helfer muss sich zuerst unter dem demütigen, dem er helfen will, und dadurch verstehen, dass Helfen nicht herrschen heißt, sondern dienen; dass Helfen nicht heißt, der Herrschsüchtigste sein, sondern der Geduldigste; dass Helfen die Bereitschaft einschließt zu akzeptieren, dass man unrecht haben könnte und dass man nicht versteht, was der Andere versteht.[2]

Beim Nachdenken über Selbstbestimmung haben wir eben festgestellt, dass diese sich auch darin ausdrücken kann, Entscheidungen an andere Menschen zu delegieren. Ein weiter gehender, sehr spannender Gedanke stammt von dem deutschen Philosophen Gernot Böhme. Er sagt sinngemäß, dass es eine ganz besondere Form der Selbstbestimmung sein kann, freiwillig auf ebendiese zu verzichten, zumindest in Teilbereichen. Viele Menschen haben zum Beispiel einen regelrechten Horror davor, «pflegeabhängig» zu werden. Der Gedanke, die Hilfe Fremder für die körperliche Pflege in Anspruch nehmen zu müssen, löst bei einigen Menschen sogar Suizidgedanken aus. Gernot Böhme setzt hier an und fragt: Wieso eigentlich?

Tatsächlich können die meisten von uns diese Angst vor der Pflegebedürftigkeit emotional unmittelbar nachvollziehen, Männer in der Regel noch mehr als Frauen. Es geht um den Verlust der eigenen Unabhängigkeit, um Intimität, um das Eingeständnis von Schwäche und Hilfsbedürftigkeit, letztlich um die Bewusstwerdung des mehr oder weniger bald nahenden Todes. Da fällt es Gesunden naturgemäß erst einmal leichter, diese unangenehmen Gedanken wegzuschieben, verbunden mit der Vorstellung: «Dann mach ich eben vorher Schluss.» Damit wird aber, unausgesprochen, dieser letzte Lebensabschnitt schon im Vorhinein als sinnlos deklariert – was sehr schade ist.

Genau hier stellt Gernot Böhme die Frage, ob es nicht auch einen anderen Weg geben könnte. Einen Weg, der die Einsicht in die Unausweichlichkeit von Alter, Krankheit und Tod mit der Bereitschaft verbindet, die Chancen, die in dieser letzten Lebensphase liegen, zu ergreifen. Dazu gehört auch die Bereitschaft, sich helfen zu lassen und dies sogar gerne zu tun – im Bewusstsein des Geschenks, das in der Hilfsbereitschaft anderer Menschen liegt. Gernot Böhme nennt diese besondere Haltung «Souveränität». Auch das ist kein Patentrezept für jeden, aber vielleicht für manche ein interessanter Gedanke, den zu verfolgen sich lohnen könnte.[3]

Schlussbemerkung

Wie wir gesehen haben, bedeutet Selbstbestimmung am Lebensende viel, viel mehr als nur die Freiheit der Wahl des Todeszeitpunktes. Wie in der Palliativmedizin geht es auch hier deutlich mehr um das Leben als um das Sterben. Es gibt so viele verschiedene Formen der Selbstbestimmung und des «Sterbens in Würde», wie es Menschen gibt – und jede davon hat ihre ganz eigene Berechtigung, die kein Außenstehender in Frage zu stellen befugt ist. Denn diese Berechtigung wurzelt in der unverwechselbaren Lebensgeschichte eines jeden Menschen, in ihren Höhen und Tiefen, in ihren Brüchen und Konsequenzen, in ihren wechselnden und bleibenden Beziehungen, Wertvorstellungen und Weltanschauungen. Solange die Ausübung dieser Selbstbestimmung nicht mit der Freiheit anderer Menschen kollidiert, gibt es in einer pluralistischen Gesellschaft kaum stichhaltige Gründe, um die Menschen davon mit Gesetzesgewalt abzuhalten.

Noch viel wichtiger als die Absicherung der individuellen Freiheit, und geradezu eine Voraussetzung für diese, ist jedoch das Umfeld, das uns alle am Lebensende erwartet. Für dieses Umfeld sind wir zu einem guten Teil selbst verantwortlich: In dem, wie wir unser Leben leben, wie wir unsere Beziehungen pflegen und wie wir zu unseren Wertvorstellungen stehen, vor allem dann, wenn es schwierig wird. Diese Punkte erscheinen den meisten Menschen im Lebensrückblick mit am wichtigsten.

Es gibt aber auch eine Verantwortung der Gesellschaft als Ganzes (das sind wiederum wir), was die Rahmenbedingungen für das Lebensende angeht. Menschenwürdige Arbeitsbedingungen und eine echte palliative Praxis in Alters- und Pflegeheimen, eine flächendeckende und ausreichend finanzierte Palliativ- und Hospizversorgung sowie die Förderung von Instrumenten der sozialen Solidarität (Nachbarschaftshilfen, Alterswohngemeinschaften etc.) sind nur einige Beispiele für dringend notwendige, aber noch lange nicht etablierte Voraussetzungen für ein wirklich selbstbestimmtes Lebensende.

Letztlich brauchen wir vor allem ein Gesundheitssystem, das sich nicht primär nach ökonomischen Gesichtspunkten richtet. In welchem der Mensch nicht mehr Mittel zum Zweck der Erlösmaximierung ist, sondern mit seinen Ängsten und Hoffnungen, seinen ganz persönlichen Prioritäten und seinen sozialen Beziehungen im Mittelpunkt steht. Ich weiß, das klingt pathetisch und utopisch zugleich. Aber ganz ohne Utopien zu leben ist auch keine Lösung.

Selbst bestimmt sterben – das müssen wir alle. *Selbstbestimmt sterben* – das können wir erreichen, wenn wir es wollen. Aber zunächst müssen wir herausfinden, was das für jeden von uns ganz konkret bedeutet. Die Antworten werden höchst unterschiedlich sein, und sie können sich mit der Zeit für jeden Einzelnen auch verändern. Jeder von uns ist ein Stück weit selbst verantwortlich dafür, dass wir eine Gesellschaft bekommen, in der «selbstbestimmtes Sterben» weit mehr bedeutet als das Recht, sich selbst zu töten oder töten zu lassen. In der jeder Mensch bis zu seinem Tod gleich geachtet wird, unabhängig von seinem ökonomischen oder sonstigen Leistungspotential. Und in der es für jeden Menschen möglich sein kann, jenes Ziel zu erreichen, das Rainer Maria Rilke so unvergleichlich formuliert hat:

O Herr, gib jedem seinen eignen Tod.
Das Sterben, das aus jenem Leben geht,
darin er Liebe hatte, Sinn und Not.[4]

Danksagung

Danke zu sagen ist eine wunderschöne Aufgabe, auch wenn immer das Risiko besteht, dass man jemanden vergisst – dafür schon jetzt meine Bitte um Nachsicht.

Der erste Dank geht von ganzem Herzen an meine Familie: Meine Frau Christiane und meine Tochter Sara hatten unendlich viel Geduld mit mir in den letzten Monaten, als ich fast jede freie Minute für das Schreiben verwendete. Christiane hat mir zudem, nicht nur in ihrer Eigenschaft als Juristin, äußerst wertvolle Hinweise zum Text gegeben.

Ein ganz besonderer Dank gebührt meinen Kollegen Ralf Jox, Jochen Taupitz und Urban Wiesing, mit denen der Gesetzesvorschlag entwickelt wurde, der in Kapitel 7 beschrieben ist, und die mir erlaubt haben, gemeinsam entwickelte Gedanken in diesem Buch wiederzugeben. Das war eine wunderbare Zusammenarbeit, aus der ich sehr viel lernen durfte.

Viele Freunde und Kollegen haben wichtige Anregungen zum Thema sowie Ideen und Fallbeispiele für das Buch beigesteuert. Mein herzlicher Dank geht an Martin Angele, Johanna Anneser, Thomas Barth, Christian Bernet, Michel Beauverd, Monika Führer, Claudia Gamondi, Konrad Hilpert, Gertrud Krauß, Wolfgang Putz, Traugott Roser, Ulrich Schroth, Maria Wasner und Andrea Winkler.

Bei der Auseinandersetzung mit einem solchen Thema kommt man nur weiter, wenn man die eigenen Ansichten immer wieder mit denen anderer konfrontiert, die bereit sind, sich auf einen vorurteilsfreien Dialog einzulassen. Für viele lehrreiche Gespräche und Diskussionen danke ich Stefan Bauberger, Susanne Breit-Keßler, Martin Fegg, Eckhard Frick, Peter Fuchs, Alois Glück, Karl Kardinal Lehmann, Sabine Leutheusser-Schnarrenberger, Armin Nassehi, Stephan und Viktoria Schmidheiny, Oliver Tolmein, Willi Vossenkuhl und Friedrich Kardinal Wetter sowie meinen Lausanner Kollegen Lazare Benaroyo, Helene Brioschi-Levi, Thierry Currat, Pierre-François Leyvraz, Cosette Odier, Beatrice Schaad und Jean-Blaise Wasserfallen.

Meinem Lektor Stefan Bollmann gebührt ein besonderer Dank für die große Unterstützung und die stets konstruktive Kritik. Der Verlag C.H.Beck hat die Entstehung dieses Buches sehr umsichtig begleitet und hervorragende Rahmenbedingungen dafür geschaffen. Für hilfreiche Korrekturen danke ich Georg Nollert und Angelika von der Lahr.

Schließlich und endlich gehört der größte Dank den Patienten und ihren Familien, die uns mit hineinnehmen in ihre letzte Lebensphase, die uns ihre Zweifel und Sorgen bei schwierigen Entscheidungen mitteilen und die uns immer wieder teilhaben lassen an der unendlichen Vielfalt der Einstellungen, Wünsche und Prioritäten, die dem Leben wie dem Sterben innewohnen. Ihnen ist dieses Buch gewidmet in der Hoffnung, dass das, was ich von ihnen lernen durfte, mittels dieses Buches für andere Menschen von Nutzen sein möge.

Anmerkungen

1 Was heißt hier «Sterbehilfe»? Eine merkwürdige Debatte

1 Statistisches Bundesamt: Bevölkerung Deutschlands bis 2050. Online unter www.destatis.de

2 Jedes Alter zählt. Die Demografiestrategie der Bundesregierung – Langfassung. Online unter: www.bundesregierung.de/Content/DE/_Anlagen/Demografie/demografiestrategie-langfassung.pdf

3 Alle Fallbeispiele in diesem Buch beruhen auf wahren Begebenheiten. Einige Details wurden geändert, um die Anonymität der Betroffenen zu gewährleisten.

2 «Passive Sterbehilfe» und medizinische Indikation

1 Siehe Borasio GD: *Über das Sterben, Was wir wissen. Was wir tun können. Wie wir uns darauf einstellen.* München: C.H.Beck [11]2012. Kap. 7.

2 Jox RJ, Schaider A, Marckmann G, Borasio GD: Medical futility at the end of life: the perspectives of intensive care and palliative care clinicians. Journal of Medical Ethics 2012, Bd. 38, S. 540–545. Anmerkung: Das wäre eigentlich die Aufgabe eines klinischen Ethikkomitees, aber das Klinikum der Universität München besaß 2010 als zweitgrößtes Universitätsklinikum Deutschlands kein solches Gremium – und besitzt es bis heute nicht (Stand: August 2014).

3 Sampson EL, Candy B, Jones L: Enteral tube feeding for older people with advanced dementia. Cochrane Database of Systematic Reviews 2009, 15. April, Bd. 2, CD007209.

4 Für Details siehe *Über das Sterben*, Kap. 6.

5 Beispiele hierzu sind im Internet leicht zu finden, wenn man nach Bildern zum Stichwort «Do Not Resuscitate tattoo» sucht.

6 Allerdings können die Zeugen Jehovas ihre Überzeugung nicht auf ihre minderjährigen Kinder ausdehnen: Wenn bei diesen eine Bluttransfusion medizinisch dringend indiziert ist, wird den Eltern für die Dauer der Maßnahme das Sorgerecht entzogen.

7 De Ridder M: *Wie wollen wir sterben?* München: DVA 2010.

8 Die oft geäußerte Befürchtung, bei einer Beendigung der künstlichen Zufuhr von Nahrung und Flüssigkeit würden Wachkoma-Patienten qualvoll verhungern und verdursten, ist aus neurologischer Sicht nicht

haltbar, da die Gehirnfunktionen, die für die Entstehung von subjektivem Hunger- und Durstgefühl notwendig sind, bei diesen Patienten ausgefallen sind.

Für weitere Details zum Thema Wachkoma siehe *Über das Sterben*, Kap. 6.

9 Für Details siehe *Über das Sterben*, Kap. 8, S. 155 ff.

10 § 1901b BGB: Gespräch zur Feststellung des Patientenwillens.
(1) Der behandelnde Arzt prüft, welche ärztliche Maßnahme im Hinblick auf den Gesamtzustand und die Prognose des Patienten indiziert ist. Er und der Betreuer erörtern diese Maßnahme unter Berücksichtigung des Patientenwillens als Grundlage für die nach § 1901a zu treffende Entscheidung.

11 So z. B. der behindertenpolitische Sprecher der Unions-Bundestagsfraktion und spätere Behindertensprecher der Bundesregierung, Hubert Hüppe, im FAZ-Artikel vom 23.3.2005 mit dem Titel: «Wachkoma-Patienten sind behindert, nicht sterbend».

12 Borasio GD: Patientenverfügungen und Entscheidungen am Lebensende aus ärztlicher Sicht. Zur Debatte 2009, Heft 4, S. 45–47.
Tarquinio M: «Non morta, ma uccisa» (Nicht gestorben, sondern getötet), Leitartikel, L'Avvenire vom 10.2.2009.

13 Allerdings enthalten die neuen Grundsätze der Bundesärztekammer zur Sterbebegleitung vom Februar 2011 (Deutsches Ärzteblatt, Jg. 108, Heft 7, S. 346–348), im Gegensatz zur Version von 2004, bezüglich Wachkoma-Patienten nicht mehr den Satz «Lebenserhaltende Therapie einschließlich künstlicher Ernährung ist daher … grundsätzlich geboten», sondern «Art und Ausmaß ihrer Behandlung sind gemäß der medizinischen Indikation vom Arzt zu verantworten; eine anhaltende Bewusstseinsbeeinträchtigung allein rechtfertigt nicht den Verzicht auf lebenserhaltende Maßnahmen». Dies kann – trotz des einschränkenden Nachsatzes – als erster Schritt in Richtung der Anerkennung eines individuellen Spielraums des behandelnden Arztes bei der Indikationsstellung für lebensverlängernde Maßnahmen bei Wachkoma-Patienten betrachtet werden.

14 Bruno MA, Laureys S, Demertzi A: Coma and disorders of consciousness. Handbook of Clinical Neurology 2013, Bd. 118, S. 205–213.

15 Payne LM: «Guérir quelquefois, Soulager souvent, Consoler toujours». British Medical Journal 1967, Bd. 4, S. 47–48.

16 Kammertöns HB, Lebert S: «Ich hasse den Tod». Interview mit Prof. Bruno Reichart. DIE ZEIT, Nr. 24, 7.6.2007.

17 Für Details hierzu siehe *Über das Sterben*, Kap. 4 und 10.

18 Vgl. Klinkhammer G, Richter-Kuhlmann E: Tod und Sterben – Kein Tabu mehr. Deutsches Ärzteblatt 2012, Jg. 109, S. A2239-A2242.

19 van der Heide A, Deliens L, Faisst K, Nilstun T, Norup M, Paci E, van

der Wal G, van der Maas PJ; EURELD consortium: End-of-life decision-making in six European countries: descriptive study. The Lancet 2003, Bd. 362, S. 345–350.

20 Bourke SC, Tomlinson M, Williams TL, Bullock RE, Shaw PJ, Gibson GJ: Effects of non-invasive ventilation on survival and quality of life in patients with amyotrophic lateral sclerosis: a randomised controlled trial. The Lancet Neurology 2006, Bd. 5, S. 140–147.
Verse T, Bodlaj R, de la Chaux R, et al.; ArGe Schlafmedizin der Deutschen Gesellschaft für Hals-Nasen-Ohren-Heilkunde, Kopf- und Hals-Chirurgie: Leitlinie: Therapie der obstruktiven Schlafapnoe des Erwachsenen. HNO 2009, Bd. 57, Heft 11, S. 1136–1156.

21 Jox RJ: *Sterben lassen. Über Entscheidungen am Ende des Lebens.* Hamburg: Rowohlt Taschenbuch Verlag 2013, S. 237–259.

3 «Indirekte Sterbehilfe» und palliative Sedierung

1 Für Details zum Einsatz von Morphin bei Atemnot siehe *Über das Sterben*, Kap. 7.

2 Pius XII: «Address to Delegates to the Ninth National Congress of the Italian Society of the Science of Anesthetics», Catholic Mind 1957, Bd. 55, S. 260–278.

3 «Es steht nichts im Wege, dass ein und dieselbe Handlung zwei Wirkungen hat, von denen die eine beabsichtigt ist, während die andere außerhalb der Absicht liegt. Die sittlichen Handlungen aber empfangen ihre Eigenart von dem, was beabsichtigt ist, nicht aber von dem, was außerhalb der Absicht liegt» (Thomas von Aquin: *Summa Theologiae* 2,2 q.64 a.7).

4 «Eine ärztlich gebotene schmerzlindernde Medikation entsprechend dem erklärten oder mutmaßlichen Patientenwillen wird bei einem Sterbenden nicht dadurch unzulässig, dass sie als unbeabsichtigte, aber in Kauf genommene unvermeidbare Nebenfolge den Todeseintritt beschleunigen kann.» Urteil des Bundesgerichtshofs vom 15.11.1996 (Aktenzeichen: 3 StR 79/96).

5 Das Argument, dass diese zwei Konstellationen in der Realität womöglich nicht immer so sauber voneinander zu trennen sind, ist nicht ganz von der Hand zu weisen. Hier zeigt sich erneut der Unterschied zwischen ethisch-juristischer Argumentation und klinischer Wirklichkeit. Beide Blickwinkel haben allerdings ihre Berechtigung: Ohne die Fähigkeit, komplizierte Lebenssituationen so zu analysieren und gegebenenfalls zu vereinfachen, dass sich daraus verbindliche Regelungen für die Allgemeinheit ableiten lassen, wäre kein Rechtssystem denkbar.

6 Lakotta B: Video aus dem Sterbezimmer. DER SPIEGEL, Heft 19/2014, S. 102–103.

7 Sykes N, Thorns A: The use of opioids and sedatives at the end of life. Lancet Oncology 2003, Bd. 4, S. 312–318.
8 Edwards MJ: Opioids and benzodiazepines appear paradoxically to delay inevitable death after ventilator withdrawal. Journal of Palliative Care 2005, Bd. 21, S. 299–302.
9 Für Details siehe *Über das Sterben*, Kap. 4b.
10 Maltoni M, Scarpi E, Rosati M, Derni S, Fabbri L, Martini F, Amadori D, Nanni O: Palliative sedation in end-of-life care and survival: a systematic review. Journal of Clinical Oncology 2012, Bd. 30, S. 1378–1383.
11 Müller-Busch HC, Andres I, Jehser T: Sedation in palliative care – a critical analysis of 7 years experience. BMC Palliative Care 2003, Bd. 2, Ausgabe 1. Online unter: www.biomedcentral.com/1472-684X/2/2
12 Dumont S, Blondeau D, Turcotte V, Borasio GD, Currat T, Foley RA, Beauverd M: The Use of Palliative Sedation: A Comparison of Attitudes of French-Speaking Physicians from Quebec and Switzerland. Palliative and Supportive Care, Mai 2014, S. 1–9 (im Druck, online vorveröffentlicht).
13 Für Details siehe *Über das Sterben*, Kap. 7.
14 Müller M, Schöch H: Juristische Stellungnahme zur Sterbehilfe bei amyotropher Lateralsklerose. Zeitschrift für medizinische Ethik 1994, Bd. 40, S. 321–326.

4 «Aktive Sterbehilfe» und Tötung ohne Verlangen

1 Erhältlich als DVD bei Icarus Films: http://icarusfilms.com/cat97/a-e/death_on.html
2 O'Brien T, Kelly M, Saunders C: Motor neurone disease: a hospice perspective. British Medical Journal 1992, Bd. 304, Heft 6825, S. 471–473.
3 Neudert C, Oliver D, Wasner M, Borasio GD: The course of the terminal phase in patients with amyotrophic lateral sclerosis. Journal of Neurology 2001, Bd. 248, S. 612–616.
4 Schroth U: Sterbehilfe als strafrechtliches Problem. Goltdammers Archiv 2006, S. 549–572.
5 KNMG/KNMP richtlijn: Uitvoering euthanasie en hulp bij zelfdoding. Online unter: www.knmp.nl/downloads/medicijnen-zorg verlening/overig/euthanasie/richtlijn-uitvoering-euthanasie-en-hulp-bij-zelfdoding.pdf
6 Niederländisches Gesetz über die Kontrolle der Lebensbeendigung auf Verlangen und der Hilfe bei der Selbsttötung. Deutsche Übersetzung der Deutschen Gesellschaft für Palliativmedizin. Online unter: www.dgpalliativmedizin.de/images/stories/pdf/euthanasie.pdf
7 Jüttner J: Mordprozess gegen 78-Jährigen – Der letzte Wille. Spiegel

online, 16.5.2013. Online unter: www.spiegel.de/panorama/justiz/a-900293.html

8 Borasio GD, Weltermann B, Voltz R, Reichmann H, Zierz S: Einstellungen zur Patientenbetreuung in der letzten Lebensphase: Eine Umfrage bei neurologischen Chefärzten. Nervenarzt 2004, Bd. 75, S. 1187–1193.

9 Onwuteaka-Philipsen BD, van der Heide A, Koper D, Keij-Deerenberg I, Rietjens JA, Rurup ML, Vrakking AM, Georges JJ, Muller MT, van der Wal G, van der Maas PJ: Euthanasia and other end-of-life decisions in the Netherlands in 1990, 1995, and 2001. The Lancet 2003, Bd. 362, Heft 9381, S. 395–399.
Chambaere K, Rietjens JA, Smets T, Bilsen J, Deschepper R, Pasman HR, Deliens L: Age-based disparities in end-of-life decisions in Belgium: a population-based death certificate survey. BMC Public Health 2012, Bd. 18, Heft 12, Artikel 447.

10 Belgien: Abgeordnete legalisieren Sterbehilfe für Kinder. ZEIT online, 23.2.2014. Online unter: www.zeit.de/gesellschaft/zeitgeschehen/2014-02/belgien-sterbehilfe-kinder-abstimmung

11 Groh G, Feddersen B, Führer M, Borasio GD: Specialized Home Palliative Care for Adults and Children – Differences and Similarities. Journal of Palliative Medicine 2014, Bd. 17, S. 803–810.

12 Erhältlich als DVD bei Ikarus Film: www.ikarus-film.de (nicht zu verwechseln mit der New Yorker Firma Icarus Films aus Anmerkung 1, aber die fast identische Namensgebung ist doch verblüffend).

13 Mayr G: Sterbehilfe für Minderjährige: «Ich habe noch nie erlebt, dass ein Jugendlicher nach aktiver Sterbehilfe gefragt hat». Interview mit Prof. Monika Führer. Spiegel online, 13.2.2014. Online unter: www.spiegel.de/panorama/a-952817.html
Simon V: Todeswunsch als Hilfeschrei. Interview mit Prof. Boris Zernikow. SZ online, 14.2.2014. Online unter: www.sueddeutsche.de/leben/1.1888627

5 Neue Begriffe (und ihre Tücken)

1 Simon A, Lipp V, Tietze A, Nickel N, van Oorschot B: Einstellungen deutscher Vormundschaftsrichterinnen und -richter zu medizinischen Entscheidungen und Maßnahmen am Lebensende: erste Ergebnisse einer bundesweiten Befragung. Medizinrecht 2004, Bd. 6, S. 303–307.

2 Das hat unter anderem dazu geführt, dass in Deutschland jede Diskussion, welche auch nur entfernt mit dem Begriff des «lebensunwerten Lebens» in Verbindung gebracht werden kann, von vornherein mit dem Hinweis auf die Gräuel des Nationalsozialismus im Keim erstickt wird. Das ist zwar nachvollziehbar, aber für eine nüchterne und sach-

gerechte Debatte über Entscheidungen am Lebensende nicht unbedingt hilfreich.

3 Modifiziert aus *Über das Sterben*, Kap. 9.

4 Utler S: «Schneiden Sie den Schlauch durch!» Spiegel online, 02.6.2010. Online unter: www.spiegel.de/panorama/gesellschaft/a-698069.html

5 Utler S: Recht revolutionär. Spiegel online, 25.6.2010. Online unter: www.spiegel.de/panorama/gesellschaft/a-702945.html

6 Bundesgerichtshof: Urteil vom 2. Strafsenat vom 25.6.2010. Aktenzeichen 2 StR 454/09. Online unter: www.bundesgerichtshof.de (unter der Rubrik «Entscheidungen» nach dem Aktenzeichen suchen).

7 Siehe *Über das Sterben*, Kap. 4b.

8 Federazione nazionale degli ordini dei medici chirurghi e degli odontoiatri (FNOMCEO): Codice di deontologia medica (16.12.2006). Art. 16: Accanimento diagnostico-terapeutico – Il medico ... deve astenersi dall'ostinazione in trattamenti diagnostici e terapeutici da cui non si possa fondatamente attendere un beneficio per la salute del malato e/o un miglioramento della qualità della vita. (Übersetzung des Verfassers) Online unter: http://ape.agenas.it/documenti/provider/Medici_FNOMCEO.pdf
Die Problematik des Begriffs ist inzwischen auch der italienischen Ärzteschaft bewusst geworden, er soll im neuen deontologischen Kodex von 2014 ersetzt werden durch den Begriff «Procedure diagnostiche e interventi terapeutici non proporzionati», zu Deutsch: «Unverhältnismäßige diagnostische Prozeduren und therapeutische Interventionen». Der neue Kodex findet sich online unter www.fnomceo.it

9 In Italien und Frankreich wurden jeweils mehrere Bücher zu diesem Thema publiziert, zum Beispiel:
Barcaro R: Dignità della morte. Accanimento terapeutico ed eutanasia. Napoli: Edizioni Scientifiche Italiane 2012.
Broussouloux C: De l'acharnement thérapeutique à l'euthanasie. Paris: Robert Laffont Editeur 1999.

10 Katholische Kirche verweigert Beerdigung für Welby. Spiegel online, 22.12.2006. Online unter: www.spiegel.de/panorama/gesellschaft/a-456392.html
Borasio GD, Zur Debatte 4/2009, a. a. O.

11 Pavanelli L: La dolce morte di Karol Wojtyla. MicroMega online 23.2.2009. Online unter: http://temi.repubblica.it/micromega-online/la-dolce-morte-di-karol-wojtyla/

12 Die einzige Ausnahme, bei der meines Erachtens die Verwendung des Wortes «Selbstmord» noch akzeptabel ist, ist der Begriff des «Selbstmordattentäters». Denn hier benutzt tatsächlich jemand seinen Suizid als Mittel, um Unschuldige zu ermorden.

6 Assistierter Suizid und freiwilliger Verzicht auf Nahrung und Flüssigkeit

1 Jakobs G: *Tötung auf Verlangen, Euthanasie und Strafrechtssystem.* München: C.H.Beck 1998, S. 5.
2 Staatsanwaltschaft München I: Verfügung vom 30.7.2010 – Aktenzeichen 125 Js 11736/09.
3 Landgericht Deggendorf: Beschluss vom 13.9.2013, Aktenzeichen 1 Ks 4 Js 7438/11. Online unter: www.burhoff.de/insert/?/asp_weitere_beschluesse/inhalte/2495.htm
4 Sampedro R: *Cartas desde el infierno.* Barcelona: Planeta 2005.
5 Hervorhebung durch den Verfasser.
6 Exit (www.exit.ch) ist in der Schweiz als gemeinnützig anerkannt, Dignitas nicht, bezeichnet sich aber auf seiner Website (www.dignitas.ch) als «Organisation, welche keinerlei kommerzielle Interessen verfolgt».
7 Exit deutsche Schweiz: GV stimmt pro Altersfreitod. 24.5.2014. Online unter: www.exit.ch/news/news/details/kommen-sie-zur-gv/
Vögeli D: Alterssuizid erleichtern? Exits Spiel mit dem Feuer. Neue Zürcher Zeitung, 17.5.2014. Online unter: www.nzz.ch/zuerich/kommentare/1.18304153
8 Government of Oregon: Death with Dignity Act – Annual Report 2013. Online unter: http://public.health.oregon.gov/ProviderPartnerResources/EvaluationResearch/DeathwithDignityAct/Documents/year16.pdf
9 Loggers ET, Starks H, Shannon-Dudley M, Back AL, Appelbaum FR, Stewart FM: Implementing a Death with Dignity program at a comprehensive cancer center. New England Journal of Medicine 2013, Bd. 368, Heft 15, S. 1417–1424.
10 Grill B: «Ich will nur fröhliche Musik». DIE ZEIT, 8.12.2005. Online unter: www.zeit.de/2005/50/Sterbehilfe
11 Die Palliativteams der Spezialisierten Ambulanten Palliativversorgung (SAPV) betreuen Schwerstkranke und Sterbende zuhause und im Altersheim. Für Details siehe *Über das Sterben*, Kap. 3.
12 Report Mainz: 2014 – Mindestens 155 begleitete Suizide. Online unter: www.tagesschau.de/inland/sterbehilfe156.html
13 Die etwas sperrige Abkürzung «FVNF» ziehe ich persönlich dem synonym verwendeten Ausdruck «Sterbefasten» vor, da das Wort «Fasten» religiöse («Fastenzeit») und gesundheitliche («Heilfasten») Assoziationen auslöst, die mir in diesem Kontext unangebracht erscheinen.
14 Immer häufiger wird dafür der meines Erachtens unschöne Begriff der «Lebenssattheit» verwendet, der den Eindruck erwecken kann, das Leben sei ein konsumierbares Gut, an dem man sich irgendwann satt gegessen hat.
15 Für Details zu Ernährung und Flüssigkeit am Lebensende siehe *Über das Sterben*, Kap. 6.

16 Chabot BE, Goedhart A: A survey of self-directed dying attended by proxies in the Dutch population. Social Science & Medicine 2009, Bd. 68, S. 1745–1751.
17 Ganzini L, Goy ER, Miller LL, Harvath TA, Jackson A, Delorit MA: Nurses' experiences with hospice patients who refuse food and fluids to hasten death. New England Journal of Medicine 2003, Bd. 349, S. 359–365.
18 Frank C: Letzter Wille. Süddeutsche Zeitung vom 30.5.2011, S. 3.
19 Chabot B, Walther C: *Ausweg am Lebensende. Sterbefasten – Selbstbestimmtes Sterben durch freiwilligen Verzicht auf Essen und Trinken.* München: Reinhardt 2012.

7 Brauchen wir den ärztlich assistierten Suizid?

1 Borasio GD, Jox RJ, Taupitz J, Wiesing U: *Selbstbestimmung im Sterben – Fürsorge zum Leben. Ein Gesetzesvorschlag zur Regelung des assistierten Suizids.* Stuttgart: Kohlhammer 2014.
Anmerkung für Schweizer Leser: Der hier vorgestellte Gesetzesvorschlag wurde explizit für Deutschland entwickelt. In der Schweiz wäre ein strafrechtliches Verbot der Suizidhilfe der bisherigen historischen Entwicklung nicht angemessen und würde auch mit Sicherheit von der Bevölkerung abgelehnt werden. Trotzdem könnten einige der vorgestellten Gedanken, insbesondere was die Rolle der Ärzte betrifft, im Hinblick auf eine eventuelle gesetzliche Regelung des assistierten Suizids in der Schweiz diskussionswürdig sein.

2 Dass die Einschaltung der Palliativmedizin bei unzureichend behandelten Suizidwilligen zu einer kompletten Änderung der Situation und zur dauerhaften Rücknahme des Suizidwunsches führen kann, lässt sich beispielhaft an dem Fall von Frau Meierhofer darstellen, deren Geschichte unter dem Titel «Der Schmerz, die Angst und der Tod» von Heidrun Graupner in der Süddeutschen Zeitung vom 24.6.2008 auf Seite 3 einfühlsam erzählt wurde.

3 Modifiziert nach: Gamondi C, Borasio GD, Limoni C, Preston N, Payne S: Legalisation of assisted suicide: a safeguard to euthanasia? The Lancet 2014, Bd. 384, S. 127.

4 Entsprechende Geräte sind schon seit mehreren Jahren auf dem Markt verfügbar. Inzwischen wird sogar an eine Augensteuerung von Computern für Nichtbehinderte gearbeitet.

5 Verwaltungsgericht Berlin: Urteil vom 30.3.2012, Aktenzeichen 9 K 63.09. Online unter: www.gerichtsentscheidungen.berlin-brandenburg.de (nach Datum suchen).

6 Institut für Demoskopie Allensbach: Ärztlich begleiteter Suizid und aktive Sterbehilfe aus Sicht der deutschen Ärzteschaft. Juli 2010. Online unter: www.bundesaerztekammer.de/page.asp?his=0.6.5048.8668

7 Deutsche Gesellschaft für Humanes Sterben: Forsa-Umfrage vom November 2003: Sterbehilfe und das Vertrauen zum Hausarzt. Online unter: www.dghs.de/fileadmin/user_upload/Dateien/PDF/Umfrage_November_2003.pdf

8 Lindblad A, Lofmark R, Lynoe N: Would physician-assisted suicide jeopardize trust in the medical services? An empirical study of attitudes among the general public in Sweden. Scandinavian Journal of Public Health 2009, Bd. 37, S. 260–264.

9 Fegg MJ, Wasner M, Neudert C, Borasio GD: Personal values and individual quality of life in palliative care patients. Journal of Pain and Symptom Management 2005, Bd. 30, S. 154–159.

10 Battin MP, van der Heide A, Ganzini L, van der Wal G, Onwuteaka-Philipsen BD: Legal physician-assisted dying in Oregon and the Netherlands: evidence concerning the impact on patients in «vulnerable» groups. Journal of Medical Ethics 2007, Bd. 33, S. 591–597.

11 Laut einem Bericht aus dem Jahr 2010 der englischen Zeitschrift *The Economist* über die Qualität der Sterbebegleitung liegen Belgien auf Rang 5 und die Niederlande auf Rang 7, danach folgen Deutschland, die USA und Kanada. Die Commonwealth-Länder Großbritannien, Australien und Neuseeland belegen die ersten drei Plätze (Quelle: www.qualityofdeath.org). Innerhalb der USA gehört Oregon nach einem Bericht des National Palliative Care Research Center zu den 8 besten Bundesstaaten, was die stationäre Palliativversorgung angeht (Bericht online unter: http://reportcard.capc.org/pdf/state-by-state-report-card.pdf).

8 Was heißt hier «Selbstbestimmung»? Versuch einer Annäherung

1 © der Originalfassung: J. M. Dent & Sons Ltd., London. Übersetzung nach Walter A. Aue [http://myweb.dal.ca/waue/Trans/Thomas-Night.html], Änderungen des Autors.

2 Miller BL: Autonomy and the refusal of lifesaving treatment. Hastings Center Reports 1981, Bd. 11, S. 22–28.

3 Minderjährige können für medizinische Entscheidungen durchaus auch einwilligungsfähig sein. Das ist jedes Mal eine Einzelfallentscheidung, die sich an der Schwere der Entscheidung und an der Reife des Kindes/Jugendlichen orientiert. Vgl. dazu auch: Führer M, Duroux A, Jox RJ, Borasio GD: Entscheidungen am Lebensende in der Kinderpalliativmedizin. Fallberichte und ethisch-rechtliche Analyse. Monatsschrift für Kinderheilkunde 2009, Bd. 157, S. 18–25.

4 Dieser Satz ist eine Paraphrase des berühmten Ausspruchs von Karl Rahner: «Der Christ der Zukunft wird ein Mystiker sein, oder er wird nicht sein» – mit all meinen Entschuldigungen bei einem der größten Theologen des 20. Jahrhunderts für die Entlehnung.

5 Reiter U: Mein Tod gehört mir. Süddeutsche Zeitung, 4.1.2014. Online unter: www.sueddeutsche.de/leben/-1.1856111
6 Lahm P: Mein Leben gehört mir. DIE ZEIT, 24.7.2014.
7 Hier einige Beispiele und Übersichten der geisteswissenschaftlichen und spirituellen Diskurse über Selbstbestimmung am Lebensende:
Wiesemann C, Simon A (Hrsg.): *Patientenautonomie: Theoretische Grundlagen – Praktische Anwendungen.* Münster: mentis-Verlag 2013.
Dabrock P, Klinnert L, Schardien S: *Menschenwürde und Lebensschutz: Herausforderungen theologischer Bioethik.* Gütersloh: Gütersloher Verlagshaus 2004.
Faden RR, Beauchamp TL: *The History and Theory of Informed Consent.* Oxford: Oxford University Press 1986.
Frankfurt HG: *Freiheit und Selbstbestimmung. Ausgewählte Texte.* Berlin: Akademie Verlag 2001.
Sogyal Rinpoche: *Das tibetische Buch vom Leben und vom Sterben.* München: Knaur 2010.

9 Keiner stirbt für sich allein – Psychosoziale, kulturelle und spirituelle Aspekte der Selbstbestimmung

1 World Health Organization: *National Cancer Control Programmes: policies and managerial guidelines.* WHO, Genf 2002, S. 83–91.
2 Fegg MJ, Wasner M, Neudert C, Borasio GD: Personal values and individual quality of life in palliative care patients. Journal of Pain and Symptom Management 2005, Bd. 30, S. 154–159.
3 Vyhnalek B, Heilmeier B, Borasio GD: Ein Jahr Spezialisierte Ambulante Palliativversorgung (SAPV) im städtischen Ballungsraum. MMW-Fortschritte der Medizin, Juni 2011, Originalien Nr. II/2011 (Jg. 153), S. 41–46.
4 Chochinov HM, Hack T, Hassard T, Kristjanson LJ, McClement S, Harlos M: Dignity therapy: a novel psychotherapeutic intervention for patients near the end of life. Journal of Clinical Oncology 2005, Bd. 23, S. 5520–5525.
5 Chochinov HM, Kristjanson LJ, Breitbart W, McClement S, Hack TF, Hassard T, Harlos M: Effect of dignity therapy on distress and end-of-life experience in terminally ill patients: a randomised controlled trial. Lancet Oncology 2011, Bd. 12, S. 753–762.
6 Nach buddhistischem Verständnis ist es im Augenblick des Todes unter bestimmten Umständen möglich, vollständige Erleuchtung zu erlangen und dem Wiedergeburtskreislauf zu entkommen. Dies setzt unter anderem eine tiefe Erfahrung in der Meditationspraxis und ein klares Bewusstsein am Lebensende voraus.

10 Vorsorge für das Lebensende – Jenseits der Patientenverfügung

1 Drittes Gesetz zur Änderung des Betreuungsrechts vom 29.7.2009, Bundesgesetzblatt 2009 I Nr. 48, S. 2286 f.

2 Bayerisches Justizministerium: «Vorsorge für Unfall, Krankheit und Alter» (Broschüre), München: C.H.Beck 2013. Online unter: www.verwaltungsservice.bayern.de/dokumente/onlineservice/1333254171 (suchen unter «Broschüren»). Die Broschüre enthält auch ein separates Formular «Ergänzung zur Patientenverfügung im Fall schwerer Krankheit».

3 Bundesärztekammer: Grundsätze der Bundesärztekammer zur ärztlichen Sterbebegleitung. Deutsches Ärzteblatt 2011, Jg. 108, S. A346 ff.

4 Bundesministerium der Justiz und für Verbraucherschutz: Patientenverfügung (Broschüre, Stand Januar 2014). Online unter: www.bmjv.de/DE/Themen/Gesellschaft/Patientenverfuegung/patientenverfuegung_node.html

5 Borasio GD, Jox RJ, Heßler HJ, Meier C, Hrsg.: *Patientenverfügung. Was hat das Gesetz gebracht?* Münchner Reihe Palliative Care, Bd. 7. Kohlhammer-Verlag: Stuttgart 2011.

6 Repräsentative Umfrage der Forschungsgruppe Wahlen im Auftrag des Deutschen Hospiz- und Palliativverbands, 2012. Zusammenfassung online unter: www.dhpv.de/service_forschung_detail/items/2012-08-20_Wissen-und-Einstellungen-zum-Sterben.html

7 Für eine Übersicht siehe: Jox RJ: Die Patientenverfügung und ihre praktische Umsetzung in Deutschland. Zeitschrift für medizinische Ethik 2013, Bd. 59, Heft 4, S. 269–283.

8 Hickman SE, Nelson CA, Perrin NA, Moss AH, Hammes BJ, Tolle SW: A comparison of methods to communicate treatment preferences in nursing facilities: traditional practices versus the physician orders for life-sustaining treatment program. Journal of the American Geriatrics Society 2010, Bd. 58, S. 1241–1248.

9 in der Schmitten J, Lex K, Mellert C, Rothärmel S, Wegscheider K, Marckmann G: Patientenverfügungsprogramm: Implementierung in Senioreneinrichtungen. Eine inter-regional kontrollierte Interventionsstudie. Deutsches Ärzteblatt 2014, Jg. 111, S. 50–57.

10 Escher M, Perneger TV, Rudaz S, Dayer P, Perrier A: Impact of advance directives and a health care proxy on doctors' decisions: a randomized trial. Journal of Pain and Symptom Management 2014, Bd. 47, S. 1–11.

11 Vgl. *Über das Sterben*, Kap. 3.

12 Zeugen Jehovas nehmen Ärzte in Schutz. Frankfurter Rundschau, 8.9.2008. Online unter: www.fr-online.de/rhein-main/1472796,3400180.html

13 So zum Beispiel die evangelische Kreuznacher Diakonie in ihrer Bro-

schüre «Grundsätze zur Behandlung von Zeugen Jehovas»: «Vermag die Ärztin die Patientin nicht umzustimmen, so muss die Bluttransfusion unterbleiben. Eine psychisch gesunde und bewusstseinsklare Erwachsene behält stets das alleinige Dispositionsrecht über ihre Gesundheit.» Online unter: www.ethikkomitee.de/downloads/leitlinie_kd_zj.pdf

14 Für Details und eine Anleitung zur Niederschrift der eigenen Wertvorstellungen siehe *Über das Sterben*, Kap. 8.

15 Detering KM, Hancock AD, Reade MC, Silvester W: The impact of advance care planning on end of life care in elderly patients: randomised controlled trial. British Medical Journal 2010, Bd. 340, Artikel c1345.

11 Die Rolle der Gesundheitsindustrie – Cui bono?

1 Dieses Fallbeispiel wurde erst in die 10., überarbeitete Auflage von *Über das Sterben* aufgenommen. Es wird wegen seiner besonderen Bedeutung hier übernommen.

2 Gemeinsamer Bundesauschuss: Bericht an das Bundesministerium für Gesundheit über die Umsetzung der SAPV-Richtlinie für das Jahr 2012, S. 15. Online unter: www.aok-gesundheitspartner.de/imperia/md/gpp/bund/pflege/palliativ/sapv_bericht_2012.pdf

3 Quellen: Statistisches Bundesamt, www.destatis.de; Schweizer Bundesamt für Statistik, www.bfs.admin.ch; www.factfish.com

4 Hierfür ein kleines aktuelles Beispiel unter vielen: Diekmann F, Hengst B: Lobby-Streit um AOK-Zahnersatz: Im Zweifel gegen den Patienten. Spiegel online, 31.7.2014. Online unter: www.spiegel.de/wirtschaft/soziales/-a-983365.html

5 Vyhnalek B, Heilmeier B, Borasio GD: Ein Jahr Spezialisierte Ambulante Palliativversorgung (SAPV) im städtischen Ballungsraum. MMW Fortschritte der Medizin, Originalien II/2011, S. 41–46.

6 Für Details siehe *Über das Sterben*, Kap. 3.

7 Kumar A, Schoenstein M: Managing Hospital Volumes: Germany and Experiences from OECD Countries. OECD Health Working Papers, No. 64, OECD Publishing 2013. Online unter: http://dx.doi.org/10.1787/5k3xwtg2szzr-en

8 Quelle: OECD. Quelldaten online unter: http://dx.doi.org/10.1787/888932916040

9 Borasio GD: Der Preis des Lebens. Süddeutsche Zeitung, 8.6.2013, S. 2 («Außenansicht»).

10 Temel JS, Greer JA, Muzikansky A et al.: Early palliative care for patients with metastatic non-small cell lung cancer. New England Journal of Medicine 2010, Bd. 363, S. 733–742.

11 Es sollte allerdings nicht unerwähnt bleiben, dass eine der größten Schweizer Krankenkassen kürzlich beschlossen hat, die Einrichtung

eines zweiten Lehrstuhls für Palliativmedizin in der Schweiz mit 3 Millionen Franken zu unterstützen. Die Initiative hierfür ging von der Schweizerischen Akademie der Medizinischen Wissenschaften aus.
12 Periyakoil VS, Neri E, Fong A, Kraemer H: Do Unto Others: Doctors' Personal End-of-Life Resuscitation Preferences and Their Attitudes toward Advance Directives. PLOS One 2014, Bd. 9, Artikel e98246.
13 Goodman DC, Esty AR, Fisher ES, Chang CH: Trends and Variation in End-of-Life Care for Medicare Beneficiaries with Severe Chronic Illness. A Report of the Dartmouth Atlas of Health Care Projects, April 12, 2011. Online unter: www.dartmouthatlas.org/downloads/reports/EOL_Trend_Report_0411.pdf
14 Vgl. Bartens W: *Heillose Zustände: Warum die Medizin die Menschen krank und das Land arm macht.* München: Droemer 2012.
15 Miller AB, Wall C, Baines CJ, Sun P, To T, Narod SA: Twenty five year follow-up for breast cancer incidence and mortality of the Canadian National Breast Screening Study: randomised screening trial. British Medical Journal 2014, Bd. 348, Artikel g366.
16 Biller-Andorno N, Jüni P: Abolishing mammography screening programs? A view from the Swiss Medical Board. New England Journal of Medicine 2014, Bd. 370, S. 1965–1967.
17 Grill M: Die Schein-Forscher. Stern 5/2007, S. 108–112.
Techniker Krankenkasse 2006: Millionenaufwand und kaum Nutzen: TK-Institut WINEG fordert qualitativ hochwertige Praxis-Tests für Arzneimittel. Pressemitteilung vom 29.10.2006.
18 Langton JM, Blanch B, Drew AK, Haas M, Ingham JM, Pearson SA: Retrospective studies of end-of-life resource utilization and costs in cancer care using health administrative data: A systematic review. Palliative Medicine 2014, im Druck.
Schütte K, Rentsch A, Schuler U, Folprecht G: Aggressivität der palliativen Chemotherapie und Sterbeort beim Kolorektalen Karzinom und Karzinom mit unbekanntem Primum. Zeitschrift für Palliativmedizin 2010, Bd. 11, Beitrag V1_1.
19 Matter-Walstra KW, Achermann R, et al.: Delivery of health care at the end of life in cancer patients of four swiss cantons: a retrospective database study (SAKK 89/09). BMC Cancer 2014, Bd. 14, Artikel 306.
20 Sampson EL, Candy B, Jones L: Enteral tube feeding for older people with advanced dementia. Cochrane Database of Systematic Reviews 2009, 15. April, Bd. 2, CD007209.
21 Angus DC, Barnato AE, Linde-Zwirble WT, Weissfeld LA, Watson RS, Rickert T, Rubenfeld GD; Robert Wood Johnson Foundation ICU End-Of-Life Peer Group: Use of intensive care at the end of life in the United States: an epidemiologic study. Critical Care Medicine 2004, Bd. 32, S. 638–643.

Verlässliche Zahlen für Deutschland fehlen, weil der Sterbeort in Deutschland leider nicht statistisch erfasst wird.

22 Volandes AE, Paasche-Orlow MK, Mitchell SL, et al.: Randomized controlled trial of a video decision support tool for cardiopulmonary resuscitation decision making in advanced cancer. Journal of Clinical Oncology 2013, Bd. 31, S. 380–386.

23 Anonyma: «Bitte um die Würde eines Schnitzels». Deutsches Ärzteblatt 2008, Jg. 105, Heft 47, S. A2545–A2546.

24 Vgl. auch Richter-Kuhlmann EA, Jachertz N: Gedenksymposium der Bundesärztekammer: Palliativmedizin heißt zuhören. Deutsches Ärzteblatt 2012, Jg. 109, S. A1412-A1413.

12 Fürsorge und Selbstbestimmung: Ein Vermittlungsversuch

1 Neudert C, Wasner M, Borasio GD: Patients' assessment of quality of life instruments: a randomised study of SIP, SF-36 and SEIQOL-DW in patients with amyotrophic lateral sclerosis. Journal of the Neurological Sciences 2001, Bd. 191, S. 103–109.

2 Kierkegaard S: *Synspunkter for min Forfatter Virksomhet* (Der Gesichtspunkt für meine Wirksamkeit als Schriftsteller). In: S. K., Die Schriften über sich selbst. Regensburg: Eugen Diederichs Verlag 1951, S. 38–39 (Hervorhebungen durch den Verfasser).

3 Böhme G: *Anthropologie in pragmatischer Hinsicht.* Bielefeld und Basel: Edition Sirius 2010.

4 Rilke RM: *Das Stundenbuch. Das Buch von der Armut und dem Tode.* Frankfurt a. M.: Insel 1972.

Bildnachweis

Abb. 1.1: Statistisches Bundesamt Wiesbaden, www.destatis.de
Abb. 1.2: Statistisches Bundesamt Wiesbaden, www.destatis.de
Abb. 1.3: Cicely Saunders Foundation.
Abb. 6.1: Government of Oregon: Death with Dignity Act – Annual Report 2013, http://public.health.oregon.gov/ProviderPartnerResources/EvaluationResearch/DeathwithDignityAct/Documents/year16.pdf
Abb. 7.1: Aus: Borasio GD, Jox RJ, Taupitz J, Wiesing U: Selbstbestimmung im Sterben – Fürsorge zum Leben. Ein Gesetzvorschlag zur Regelung des assistierten Suizids. Stuttgart: Verlag W. Kohlhammer 2014, modifiziert nach: Gamondi C, Borasio GD, Limoni C, Preston N, Payne S: Legalisation of assisted suicide: a safeguard to euthanasia? The Lancet 2014, Bd. 384, S. 127.
Abb. 11.1: OECD, Health at a Glance 2013: OECD Indicators, OECD Publishing, http://dx.doi.org/10.1787/health_glance-2013-en

Liste nützlicher Websites

Diese kurze Liste erhebt keinen Anspruch auf Vollständigkeit. Es sind allgemeine Websites bzw. Portale, die hilfreich sein können, um gegebenenfalls auf spezifischere (z.B. lokale) Angebote zu gelangen. Erfreulicherweise gibt es auf diesem Gebiet eine große Dynamik, so dass sich eine Suche im Internet auf jeden Fall lohnt. Dabei sollte man aber immer eine gewisse Vorsicht walten lassen: Wenn Papier schon geduldig ist, so sind es Festplatten noch viel mehr …

Palliativ-Portal: www.palliativ-portal.de
Wegweiser Hospiz und Palliativmedizin:
 www.wegweiser-hospiz-palliativmedizin.de
Deutsche Gesellschaft für Palliativmedizin (DGP):
 www.dgpalliativmedizin.de
Deutscher Hospiz und Palliativverband (DHPV): www.dhpv.de
Arbeitsgemeinschaft SAPV: www.ag-sapv.de
Deutsche Krebshilfe: www.krebshilfe.de
Deutsche Krebsgesellschaft: www.krebsgesellschaft.de
Deutsche Alzheimer-Gesellschaft: www.deutsche-alzheimer.de
Deutsche Gesellschaft für Muskelkranke (DGM): www.dgm.org
Spiritual Care: www.spiritualcare.de
Patienteninformations-Portal: www.patienten-information.de
Therapie-Leitlinien in Deutschland: www.awmf.org/leitlinien.html
Österreichische PalliativGesellschaft: www.palliativ.at
Schweizerische Gesellschaft für Palliative Care: www.palliative.ch

Broschüren zur Patientenverfügung

Bundesjustizministerium: www.bmj.de (suchen nach «Patientenverfügung»)
Bayerisches Justizministerium: www.bestellen.bayern.de (suchen nach «Patientenverfügung». Die Broschüre «Vorsorge für Unfall, Krankheit und Alter» ist auch im Buchhandel erhältlich, Verlag C.H.Beck 2011)

Leitfaden «Künstliche Ernährung und Flüssigkeitsversorgung»

Bayerisches Sozialministerium: www.bestellen.bayern.de (suchen nach «Künstliche Ernährung»)